Irmão Gbile Akanni

áudio : **O PRIVILÉGIO DE ESTAR NO MINISTÉRIO ; A FRAGRÂNCIA DO SEU CONHECIMENTO ; e O GRANDE CONVITE**

Gbile Akanni

Compilado por: Embaixador Monday O. Ogbe

Sumário

Sobre o autor 1
Livros do papai (mano) Gbile Akanni 3
DEUS ME DEU DINHEIRO, MAS EU RECUSEI 4
A FRAGRÂNCIA DO SEU CONHECIMENTO 6
O GRANDE CONVITE 17
O PRIVILÉGIO DE ESTAR NO MINISTÉRIO 45
Grande oportunidade 62
GRANDE OPORTUNIDADE 63
Oração de Salvação 64
Oração de Salvação - Diga e seja sincero agora! 66
https://www.otakada.org/dbs-dmm/ 67
Junte-se à ARCA do DISCIPULADO INDIVIDUALIZADO COM JESUS HOJE: 68

Sobre o autor

Nascido em 22 de junho, Daddy Gbile Akanni, popularmente chamado de Bro Gbile Akanni, é um pregador, autor e professor nigeriano de renome mundial. Ele mantém uma irmandade interdenominacional que atrai cristãos de todas as origens. Ele não dirige uma igreja; ele é um pregador itinerante que muda de uma denominação para outra mediante convite.

Popularmente conhecido pela sua simplicidade e preferência em se apresentar como "Irmão Gbile Akanni de Gboko", ele é um mentor para jovens e idosos em todo o país. Ele está entre a raça de líderes cristãos disciplinados por Pa Elton, para levar a mensagem do reino de Deus até os confins da terra através do Espírito Santo.

Gbile Akani nasceu em uma família "Ifa" (adoração de ídolos), em Masifa, Ogbomosho, estado de Oyo.

Ele se formou na Universidade de Ibadan e ex-aluno da Baptist Student Fellowship,

Ele remonta sua educação espiritual à avó de seu amigo de infância (Rev. Dr. Durosin Jesu Ayanrinola), que sempre intercedeu para que ele fosse uma luz brilhante em sua família sombria.

"Ela trouxe a mim e a meu amigo íntimo, DurosinJesu, que é seu neto, de joelhos todas as manhãs abençoadas entre 1970 e 1973, para profunda oração e intercessão antes de sairmos para a escola e em nosso retorno à tarde, ela nos reuniu novamente em volta da cintura para mais orações e ações de graças. Ela desejou e orou para que eu me tornasse "uma luz brilhante" em meio à minha família muito sombria. Quando perseguida em casa, ela era um "refúgio" para onde eu poderia correr, pois tinha uma segurança reconfortante em suas palavras: "Não se preocupe com Akanni, seu pai... ele também deixará essas coisas, assim como eu deixei minha adoração de ídolos. Fui ameaçado a torto e a direito, mas decidi em meu coração que não negaria Jesus. Até eu morrer, viverei para servi-Lo."

Papai Gbile Akanni é um homem com um grande conhecimento da Bíblia. Ele dirige um ministério, 'Living Seed' (uma reunião semanal de irmandade), centrado em Gboko, no estado de Benue, na Nigéria, onde reside.

O ministério é transdenominacional e atinge todos os estados da nação. O seu Retiro de Liderança de Ministros, que acontece em dezembro de cada ano, conta com a participação de 15.000 líderes de todas as esferas da vida, não apenas da Igreja.

Na sua companhia "Living Seed", Gbile Akanni conduz anualmente Retiros de Liderança de Ministros. Todos os anos milhares de pessoas frequentam este lugar. Não importa qual seja sua origem, histórico ou história. Qualquer pessoa que busque a Deus pode encontrá-lo nos sermões de Gbile Akanni. O Sr. Akanni não criou uma igreja, mas um lugar onde os crentes se transformam em discípulos justos com a ajuda da Palavra de Deus.

Papai Gbile Akanni está empenhado em transformar crentes em discípulos. Ele tem uma grande profundidade da palavra de Deus. Seu ensinamento confiável é profundamente desafiador e transformador, e ele tem um desejo profundo de ver os crentes voltarem seu foco somente para Jesus Cristo. Suas áreas de força estão no ensino e no evangelismo

O irmão Gbile é casado e feliz com uma médica, a múmia (irmã) Sade Akanni, e juntos têm quatro filhos e vivem na Peace House Gboko, estado de Benue, Nigéria, África Ocidental.

Livros do papai (mano) Gbile Akanni

Como um escritor prolífico, Daddy (Bro) Gbile Akanni é autor dos seguintes livros

- A Dignidade da Masculinidade
- Tornando-se como Jesus
- Suposições caras
- Aviso oportuno
- Quando Deus fala
- Trabalhos Silenciosos
- Tornando-se como Jesus
- Fundação para a vida cristã
- O Padrão de Deus para o Serviço Cristão
- Dê-me uma bebida
- Relacionamento conjugal
- Busca por Deus
- Chega de dois
- Trabalhos Silenciosos
- Um coração baixo
- Aproveitando os recursos de Deus para a vida e o ministério
- Compreendendo o conceito e as condições para o discipulado
- Beleza imperecível
- O que Deus procura em seu navio
- Quando ele vier
- Quando os homens da força precisam de uma força maior
- Quando os céus estão fechados
- Por que ficar sentados aqui até morrer?

Papai (irmão) Gbile Akanni não é ativo nas redes sociais. No entanto, você pode acompanhar as atualizações de seu ministério através do site oficial da Living Seed Media aqui.[1]

---

1. https://livingseed.org/

DEUS ME DEU DINHEIRO, MAS EU RECUSEI

Fui o mais qualificado na entrevista. Vários dos palestrantes já receberam um bom relato sobre mim por meio de suas esposas, a quem eu havia ministrado o curso "Física da Economia Doméstica" em meu ano de serviço. Eles até afirmaram,

"Senhor. Akaani, você conseguiu o emprego. Na verdade, precisamos de você e queremos você. Nossas esposas apreciam que você lhes ensine física."

Esperei em vão pela chegada da carta de nomeação. Outros foram nomeados, mas eu não. Fiquei extremamente desapontado porque não tinha um "plano B". Eu não tinha outro lugar para onde olhar, exceto para o Senhor, que me guiou tão claramente ao longo dos anos e particularmente até este ponto.

Eu ainda estava esperando quando todo o dinheiro que eu tinha acabou e todos os meus produtos de higiene acabaram. Fiquei com apenas 30 kobo (o menor valor na moeda nigeriana, que na verdade é menos de um centavo).

Fiquei tão frustrado que comecei a pensar em arrumar minha bagagem para me mudar de volta para Ibadan, onde vários discípulos estavam esperando meu retorno. Ao orar uma tarde, eu disse a Deus:

"É porque não tenho transporte para ir a lugar nenhum que você está amarrando minha vida neste lugar?"

Imediatamente, Deus mobilizou e moveu um irmão, que trabalhava em um banco na cidade, para vir no intervalo me trazer a passagem do transporte. Ele entrou no meu quarto, enquanto eu ainda estava de joelhos e disse:

"Irmão. Gbile, o Senhor me disse para trazer esse dinheiro para você com urgência e é para a viagem que você está prestes a fazer. Preciso voltar correndo para minha mesa no banco."

Eu tremia com o que o Senhor fazia e tinha medo de tocar no dinheiro ou cobrar do irmão, visto que era um patrocínio para eu sair da vontade de Deus. Implorei ao irmão que guardasse o dinheiro, pois não estava pronto para fazer qualquer viagem novamente.

Quando o irmão saiu, voltei-me para o Senhor em lágrimas, pedindo-Lhe que me perdoasse. Embora eu não tivesse nada para comer, não me afastaria de

DO IRMÃO GBILE AKANNI COM LINKS DE ÁUDIO : O PRIVILÉGIO DE ESTAR NO MINISTÉRIO PORTUGUESE

Sua vontade perfeita para minha vida. Então Deus começou a falar novamente comigo.

"Não é por falta de recursos que estou mantendo você aqui. Se você quiser ir, você está livre para ir.

Mas onde quer que você vá, o que quer que você esteja fazendo, pregando, cantando ou ensinando, isso será registrado em seu arquivo secreto diante de Mim: 'Gbile foi enviado para Me servir no estado de Benue, mas ele fugiu.'

Você pode ter todo o dinheiro que desejar, mas não terá a Minha Presença".

Extraído de "He Leads Me" de Gbile Akanni

A FRAGRÂNCIA DO SEU CONHECIMENTO

Abaixo da mensagem de áudio do podcast:
https://podcasters.spotify.com/pod/show/otakada/episodes/Brother-Gbile-Akanni-Messages—THE-FRAGRANCE-OF-HIS-KNOWLEDGE-e2knmn5[1]

Que o Senhor traga a Palavra da Vida. Então a nossa própria preparação para proporcionar aquela abertura que Deus estava falando para o homem. Quando Deus falou com Josué e disse, vamos repassar essa história.

Quando Deus falou com Josué e disse, vamos repassar essa história. E que devemos nos preparar para mover as pessoas. O primeiro desafio foi talvez pensar que talvez Josué estivesse fazendo isso sozinho.

Mas ao estudarmos um dos livros de Deus, descobrimos que há muitos papéis críticos que o sacerdote deve desempenhar. E é com isso que vamos começar: a nossa própria preparação para desempenhar um papel crucial no avivamento. Então vamos ao livro de Josué.

Quando vemos alguma morte definitiva que Josué sofreu. Agora, que morte prática Josué sofreu. Primeiro, vimos que ele assumiu responsabilidade pessoal por todas essas coisas.

Quando Deus disse, levanta-te, portanto, fizemos algo a respeito. Toda vez que Deus quer fazer algo em qualquer lugar, quando ele fala e se entrega a qualquer homem. Então ele espera que aquele homem morra por obediência.

É a morte pessoal da obediência que provoca um movimento no propósito de Deus. Então, quando Josué deu o primeiro passo para aceitar a responsabilidade espiritual. E ele anunciou ao povo e disse: prepare-se vitoriosamente, pois dentro de três dias você cruzará este Jordão.

Quando Josué deu o primeiro passo para aceitar a responsabilidade espiritual, ele disse: prepare-se vitoriosamente, pois em três dias você cruzará este Jordão. Mas antes que isso aconteça, há outro grupo de pessoas que tem de agir. E essa é a classe dos sacerdotes, dos pregadores.

---

1. https://podcasters.spotify.com/pod/show/otakada/episodes/Brother-Gbile-Akanni-Messages--THE-FRAGRANCE-OF-HIS-KNOWLEDGE-e2knmn5

DO IRMÃO GBILE AKANNI COM LINKS DE ÁUDIO : O PRIVILÉGIO DE ESTAR NO MINISTÉRIO PORTUGUESE

E é por isso que precisamos ter esse encontro especial com nós mesmos. Não podemos esperar ter um reavivamento duradouro e duradouro se o enfrentamento não estiver diretamente envolvido. E, na verdade, o estado da terra é ditado pelo estado do nosso enfrentamento.

A espiritualidade dos pregadores, do pastor, é o que determina a espiritualidade da congregação. Sempre que Deus realmente vai visitar, ele deve visitar primeiro os pregadores. Então vamos pegar o capítulo 3 de Josué e lê-lo juntos.

Josué, capítulo 3, e quero que você olhe a partir do versículo 1. E vamos seguir algumas instruções rápidas, devido à maneira como nosso tempo tem passado. Então, deixe-me pedir que duas pessoas leiam para nós. Pediremos a alguém que leia do versículo 1 ao versículo 10.

E então pediremos a outra pessoa que leia do versículo 11 ao versículo 17 para nós. E Josué levantou-se de manhã cedo, e eles saíram da cidade e chegaram ao Jordão. Ele e todos os filhos de Israel não partiram antes de passarem.

E aconteceu que, depois de três dias, os oficiais foram à casa e ordenaram ao povo, dizendo: Quando virdes o ato da aliança do Senhor vosso Deus, e os sacerdotes o transmitirem claramente, então removereis de seu lugar e vá atrás dele. Contudo, haverá um espaço entre ti e ele, cerca de dois mil côvados por medida. Não vos aproximeis dele, para que saibais o caminho que deveis seguir.

Pois vocês nunca passaram por este caminho antes. E Josué disse ao povo: Santificai-vos, porque amanhã o Senhor fará maravilhas entre vós. E Josué falou aos sacerdotes, dizendo: Tomai o ato do pacto e passai diante do povo.

E eles assumiram o ato da aliança e foram adiante do povo. E o Senhor disse a Josué: Hoje começarei a engrandecer-te aos olhos de todo o Israel, para que saibam que assim como fui com Moisés, assim serei contigo. E agora ordenará aos sacerdotes que levam o ato da aliança, dizendo: Quando chegardes à beira das águas do Jordão, parareis no Jordão.

E Josué disse aos filhos de Israel: Vinde, e ouvi a palavra do Senhor vosso Deus. E disse Josué: Nisto sabereis que o Deus vivo está no meio de vós, e que sereis ensinados a expulsar de diante de vós os cananeus, e os hititas, e os hipitas, e os ferezeus, e os zedequias, e os amorreus. , e os jeftahitas. O Senhor agirá de acordo com o convênio do Senhor.

GBILE AKANNI AND AMBASSADOR MONDAY O. OGBE

Mas vocês passaram antes de vocês para Jerusalém. Agora, pois, tomai doze homens da tribo de Israel, de cada tribo de homem. E acontecereis, assim que as almas dos pés dos sacerdotes que levam o ato do Senhor.

O Senhor de toda a terra descansará nas águas do Jordão, e as águas do Jordão serão separadas das águas que descem do alto. E eles ficarão sobre uma colina. E aconteceu que, quando o povo foi retirado de suas tendas, para passar o Jordão.

E os sacerdotes levando o ato da aliança perante o povo. E como aqueles que carregam o ato entraram no Jordão. E os pés dos sacerdotes que carregam o ato foram mergulhados na borda das águas.

Pois o Jordão transbordou nas margens durante todo o tempo de Adão. Que as águas que desciam do alto pararam e subiram sobre uma colina, muito longe da cidade de Adão. Que fica ao lado de Jerusalém.

E aqueles que desceram para o mar da peste, mesmo o mar salgado, falharam e foram isolados. E o povo passou novamente para Jerusalém. E os sacerdotes, e os sacerdotes que levam o ato da aliança do Senhor, permaneceram firmes em terra seca, no meio do Jordão.

E todos os israelitas passaram em terra seca. Até que todas as pessoas que passaram passaram pelo Jordão. Louve o Senhor.

Agora lemos esta passagem muito, muito, muito gráfica sobre o ventre de Deus. Há tantas coisas neste capítulo que precisamos discutir. Vemos que quando Moisés liderava o povo, a liderança de Moisés era única.

Na verdade, ele era um homem que Deus, você sabe, concordou com tudo para fazer isso. Mas esse não era o padrão divino que Deus iria estabelecer. Moisés era o homem de Deus quando o templo, o tabernáculo, não foi erguido.

O homem de Deus quando a igreja não se levantou. Agora, por favor, me escute muito bem. Porque muitas vezes não entendemos o padrão bíblico.

Deixe-me dizer a você que o plano de Deus é agir em Sua igreja. A igreja é a agência de Deus para o avivamento em qualquer lugar. Deus usará um homem quando a igreja ainda não estiver disponível.

Mas Deus não está procurando por um homem. Deus não está procurando uma estrela brilhante. Deus está procurando o corpo.

O corpo de Cristo. E é o corpo de Cristo que pode suportar a glória. É através do corpo de Cristo que Deus deseja fluir.

DO IRMÃO GBILE AKANNI COM LINKS DE ÁUDIO : O PRIVILÉGIO DE ESTAR NO MINISTÉRIO PORTUGUESE

Pessoas individuais ou pessoas que podem parecer ter um poder estranho, por assim dizer. E podemos pensar que é isso que Deus está procurando. Então estamos sempre querendo enfatizar o homem de Deus.

Estamos sempre pensando que haverá um homem de Deus que trará avivamento. Mas esse não é o plano e o padrão da obra de Deus. E não há um único homem de Deus que tenha sido tão ungido que possa fazer toda a obra de Deus na face da terra.

É desnecessariamente arrogante pensar assim. Não imagine que sou o homem de Deus no comando. No plano e nos propósitos de Deus, Deus está procurando o seu corpo, o corpo de Cristo.

São eles que levarão a glória. E é o corpo de Cristo que trará, que quando Deus quiser visitar, visitará o seu corpo. Então, enquanto clamamos a Deus por avivamento, temos que entender o que Deus espera que comecemos a nos preparar agora.

Enquanto Moisés veio com uma vara, porque não havia sacerdotes. Você está me ouvindo? Não havia tabernáculo. Não havia tabernáculo onde repousasse a glória.

Então Deus simplesmente permaneceu assim. Mas quando terminou, Deus já havia começado a estabelecer qual seria o padrão de adoração, o padrão de serviço na terra. Deus já havia trazido os sacerdotes.

Deus já havia providenciado a arca. Você sabe que não havia arca quando Moisés chegou. Não havia arca quando ele rompeu o Mar Vermelho.

Não havia arca quando ele tratou o Faraó da maneira que Deus o usou. Não houve convênios escritos durante todo esse tempo. E o plano de Deus de envolver o seu povo não se concretizou porque o povo não entendeu o que Deus queria.

Agora você sabe por que preciso mostrar isso. Considerando que muitos de nós podemos estar olhando para trás, pensando que teremos outro grande homem de Deus que abalará toda a terra. Ou até mesmo você mesmo pode estar pensando que é aquela superestrela que surgirá neste tempo final e você tremerá por toda parte e irá de norte a sul, de leste a oeste, sobre os mares e sobre a terra e seu nome será em todos os lugares e eles tremerão sempre que você entrar na cidade.

Sem insultar você, Deus não está procurando por esse homem. Deus está procurando uma equipe de homens e mulheres que carreguem juntos sua glória.

E esta é a razão pela qual o movimento pelo qual oramos deve ser devidamente compreendido.

A visitação que buscamos neste caso, precisamos entender qual é o padrão dela. Então, vamos pegar rapidamente este capítulo de hoje e ver até onde podemos ir. Assim, somos informados de que Josué levantou-se de manhã cedo e todo o povo parou de sentar-se e veio juntar-se a ele.

Ele e todos os filhos de Israel ficaram hospedados ali antes de falecerem. Se fosse no caso de Moisés, o que deveríamos ter feito? Teríamos simplesmente colocado uma pedra e todo mundo passaria. E ninguém precisaria fazer nada porque o homem de Deus carregou a rocha.

Mas isso não vai acontecer assim agora. Algo mais precisa ser feito. Então, podemos olhar para isso? No versículo 3, eles ordenaram ao povo, dizendo: Quando virdes a arca da aliança do Senhor vosso Deus, e o sacerdote, então saireis do vosso lugar e saireis.

Quero que você analise isso brevemente. Quando nos mudamos do lugar deles para atravessar o Jordão, Ele disse: Quando vires a arca da aliança do Senhor teu Deus, e o sacerdote, então sairás do teu lugar e sairás. Quando nos mudamos do lugar deles para atravessar o Jordão, Ele disse: Quando vires a arca da aliança do Senhor teu Deus, e o sacerdote, então sairás do teu lugar e sairás.

Então agora, isso mostra que há um grande problema aqui. Então, quem vai se mover primeiro? Será um movimento que afetará o resto do povo. Esse movimento não começa com o povo.

Onde esse movimento começa? Começa com os sacerdotes. Não apenas vemos os sacerdotes. Precisamos ver os sacerdotes.

Naqueles dias, eles carregavam a arca, que é a arca da aliança. O que havia na arca eram as duas tábuas do mandamento. Nunca Deus quis colocar esse mandamento antes.

Ele queria colocá-lo nas mesas da arca do povo. Não em uma caixa. Estamos juntos? Então o que isso significa é isso.

Não somos sacerdotes, servimos uma sombra. A realidade está aqui. Porque quando Cristo veio, ele precedeu a substância da qual veio a existir tudo o que Moisés estava fazendo agora.

Agora, enquanto eles carregavam livros, os livros que carregavam eram os livros dentro dos quais estava o mandamento. E é isso que os sacerdotes devem levar. E ao vê-los se movendo, as pessoas encontrarão um motivo para se mudar.

DO IRMÃO GBILE AKANNI COM LINKS DE ÁUDIO : O PRIVILÉGIO DE ESTAR NO MINISTÉRIO PORTUGUESE

Mas para nós, devemos carregar uma caixa? No entanto, precisamos ouvir algo que as pessoas devem ver. O que é aquilo? Essa aliança, esse mandamento. Essa mesa.

Em vez de pedras e potes. Deveria ter se tornado carne. Em potes.

Ah, você não está entendendo isso. Agora, para que Deus os mova, os sacerdotes devem ouvir a palavra de Deus. Em suas vidas, isso deve ser visível.

Então, quando Jesus veio, você sabe, em João capítulo 1, o Senhor veio por meio de Moisés. Mas a graça e a verdade vieram a nós por meio de Jesus. E que o mundo se tornou carne.

E nós fazemos o que? E nós fazemos o que? E nós fazemos o que? E nós fazemos o que? E nós fazemos o que? E nós fazemos o que? E nós fazemos o que? Então o primeiro desafio é esse. Essas pessoas não podem sair de onde o diabo as manteve. Até que vejam a palavra de Deus que se fez carne na vida do sacerdote.

E eles estão olhando para os padres que mudaram de onde estavam. A Bíblia diz que estamos contemplando a sua glória. Glória do Pai, glória do Filho de Deus.

Louve o Senhor. Quando chegou a hora da briga, um segundo Coríntio, você se lembra que ele disse: Precisamos de alguma carta para nos elogiar? Eles disseram que somos a existência que foi escrita para você e você está lendo. Agora me desculpe, senhor.

Antes que este avivamento de que estamos falando se torne visível, a palavra de Deus deve estar neste lugar onde está agora. Veja como ele está carregando sua Bíblia. Não é isso que trará esse avivamento.

Somente a teologia desta palavra sairá deste lugar onde está agora. E porque estamos tocando o que sabemos, e estamos agora neste lugar, que as pessoas estão começando a ver a sua glória, que agora está cheia de graça, apenas em dois anos, e está fluindo, em dois anos fluindo. E por causa disso, e a Bíblia agora diz, quando eles o viram, que quando você vê os sacerdotes carregando a arca da aliança, e eles estão se movendo em um dos diferentes grupos, é quando você também os deixa ver, e comece a segui-los.

Esse é o primeiro desafio. O desafio não é pregar. O primeiro desafio, que eu desejo, é que Deus lhe dê a graça, que não possamos falar a palavra de Deus, essa palavra não flua em nossa boca, mas essa palavra se faça carne em nós, para que a gente ora e algumas pessoas colocam uma mulher e pulam, que assim a gente vai poder contar para toda congregação, olha para mim.

O que fez a igreja morrer, isso se tornou uma coisa imunda, só que oramos, é que as pessoas viram a Bíblia. Eles viram a beleza, mas não viram a glória de Deus. Na vida daqueles que estão pregando a palavra, o que muitos de nós estamos entusiasmados em fazer agora, mas também fundamos o nosso próprio eu de nossas esposas.

Quando um homem lidera uma briga, eles podem não conseguir conversar, repetir sala por vez, porque estão com medo. Mas eles próprios não viram essa glória. Eles próprios não viram Jesus.

Eles viram a Bíblia em seu lenço. Eles viram a batina que você está vestindo, mas ainda não viram a glória. E é aí que eles começarão a responder.

Onde estão seus seres? Aqui eles ainda estão, até agora. Quando Josué começou a falar esta palavra, ele estava estabelecendo o princípio para o mover de Deus. E precisamos entender isso bem.

Como lemos aqui no Antigo Testamento, se realmente voltarmos ao Novo Testamento, você verá que é mais elaborado no Novo Testamento. É porque é mais elaborado que vamos fazer isso. Mas quero que entendamos a topologia primeiro.

Assim como ele disse, a topologia. À medida que começarmos a olhar para isso muito bem, o que o Senhor está procurando se alinhará com o nosso princípio. É quando agora eles estão contemplando a glória de Deus sobre a vida de seus seres e também começaram a se mover.

Quero que consideremos esse versículo muito bem. A última linha. A última linha.

É aqui que reside o trabalho. É aqui que realmente está o trabalho. É aqui que está a raiz da palavra.

Se levarmos isso de todo o coração, é só que queremos atestar as palavras de Deus com a nossa boca. E essa é a razão exata pela qual a igreja é impotente na nossa terra. Ou as igrejas ortodoxas ou as igrejas pentecostais mais recentes.

A razão pela qual a igreja ajuda os fracos. E esta é a razão pela qual o poder de Deus não reside mais em sua igreja. Você sabe, o tempo todo que estamos atrás dos alunos e pregando para as pessoas.

As pessoas que você ensinou estão ouvindo você. São as primeiras pessoas sentadas na primeira sala. São pessoas sentadas na primeira sala.

DO IRMÃO GBILE AKANNI COM LINKS DE ÁUDIO : O PRIVILÉGIO DE ESTAR NO MINISTÉRIO PORTUGUESE

Pois você ainda precisa do dinheiro. E eles realmente têm vergonha de você. Porque seus olhos estavam mantendo contato visual com eles.

Talvez eles também tenham se envolvido em outra coisa. Você realmente quer saber quão difícil e eficaz é sua pregação? Vá e sente-se no fundo da congregação. Você verá aqueles que estão batendo no nariz.

Você descobrirá pessoas assim apenas durante seu tempo de pregação. Você verá alguns jornais lendo. Você descobrirá alguns que estão brincando com seus filhos.

Você descobrirá alguns também dormindo. Você verá alguns dando problemas a Deus. Se você quiser dizer, o que é isso? Estou tendo muitos problemas.

Eles querem arrecadar dinheiro. Dizem que tudo a gente não tem dinheiro. Eles não dão.

Que dinheiro? Assassino de órfãos. O que você pensa sobre isso? O problema deles será encontrado. Que eles não temam mais ao Senhor.

É porque eles não viram a glória. Onde está a Bíblia? Eles viram a Bíblia. E todos terão recursos para comprar uma Bíblia.

Todos carregarão a Bíblia por toda parte. Todo mundo vai usar qualquer tipo de vestido que você quiser. Nem todo mundo vai usar qualquer tipo de vestido.

O que fará com que as pessoas mudem? O que fará com que eles peguem um livro de onde estão? Eles vão responder à Palavra de Deus em suas vidas? Não. Eles ainda não viram isso. Eu não sei como colocar isso.

É verdade? O que é? É verdade? Você está feliz com isso? Sim. Agora, quando você disser, me ajude. Antes de passarmos à pastoral, encontraremos o próximo passo.

A pastoral nos dará o próximo passo. Antes de chegarmos a essa primeira forma, vamos rapidamente para a segunda, pelo menos para o Corinthians. O trabalho que estamos assinando tornou muito claro que o nosso ministério não se tornará eficaz.

E é minha oração que todos nós possamos nos ajoelhar diante do Senhor e dizer: não queremos que esta terra seja estragada em nossas vidas. Passamos ao nosso Deus para termos boa vontade em nossas vidas. Agora, vamos pegar o segundo Corinthians.

GBILE AKANNI AND AMBASSADOR MONDAY O. OGBE

Vamos ler o capítulo 2. Leremos o capítulo 2, capítulo 3, capítulo 4. Você sabe, ainda estamos no capítulo 3 de Josué. Foi aquele que nos levou até onde estamos agora. Louve o Senhor. Aleluia.

Estamos em Josué capítulo 1 versículo 3. Isso significa que Deus não está pronto para usar nenhum de nós. No momento em que ele viu uma estrada, mesmo que seja por um animal que está carregando aquela estrada, mas não é assim que Deus pretende nos usar. A glória de Deus deve repousar sobre o ombro do seu nome.

Uma vez que ele vem abrir a porta para a igreja, uma vez que queremos quebrar o poder de Satanás, não é fazendo barulho. Você verá isso. Louve o Senhor.

Aleluia. Estamos juntos? Sim. Agora, vamos ler 2 Coríntios capítulo 2. Você lerá do versículo 14 ao 17.

Agora, volte-se para o Senhor seu Deus, que nos ensinou a morrer em Cristo, e faça com que se manifeste o símbolo do seu conhecimento, um pouco do seu conhecimento por nós em todos os lugares. Pois devemos chamar um símbolo estrito de Cristo, naqueles que estão doentes e naqueles que perecem. Para aquele que somos o símbolo da morte, e para o outro o símbolo da vida, e que é suficiente para estas coisas.

Por estas coisas, porque não somos como os homens, que corrompem a palavra de Deus, mas como de sinceridade, mas como de Deus, diante de Deus falamos em Cristo. Tudo bem? Louve o Senhor. Aleluia.

Agora, se eles conseguem recuperar o que eu falei no Hanukkah, quando eles conseguem recuperar o Hanukkah, não é pelo telefone, não é pelo telefone, não. Tudo o que você deve fazer agora, abra o telefone, Senhor, e peça-me ao Senhor. Tudo o que você fizer, alegre-se com a alegria vitoriosa, sobre a nossa vida, o tempo todo.

Alegremo-nos com a alegria vitoriosa, sobre a nossa vida, o tempo todo. A nossa vitória não é muito grande na Europa e na África, certo? Você sabe, Christi, ele diz, estamos divulgando o aroma do seu conhecimento. Que aroma é esse que estamos falando, talvez desse aroma de que estamos falando? Tudo o que você deve fazer, o que estamos dizendo? Ele falou que o aroma do conhecimento dele, sabe, de todos vocês, eu não entendi isso.

Quando estamos falando de conhecimento, e pela lei, o conhecimento está na cabeça, estou correto? Quando dizemos que este homem é um gênio, como

DO IRMÃO GBILE AKANNI COM LINKS DE ÁUDIO : O PRIVILÉGIO DE ESTAR NO MINISTÉRIO PORTUGUESE

sabemos? Como sabemos que este homem é um gênio? A maneira como ele fala, a maneira como ele fala, a maneira como ele fala, a maneira como ele fala, deveria depender totalmente de mim, Senhor. Mas o que Deus está procurando, disse ele, não apenas dizendo com a boca, o que significa o aroma? Ele disse, aroma, a fragrância do seu conhecimento, todos vocês não estão entendendo isso. Você sabe? Você sabe que quando alguma mulher usa perfume, ela vai precisar embrulhar isso nas costas, ou vai precisar amarrar como você disse, perfume, antes de sentir o cheiro.

Diga isso para quem, no momento em que entrar, saia exposto, saia exposto, e volte e veja a fragrância do perfume. Vai, vai, tenha orgulho, tenha orgulho, mesmo você tendo tudo isso para descobrir, ninguém pode irritar você, a fragrância, e nós juntos, você está me ouvindo? Agora, na cadeia, não trago aviso para ela, aquela mulher precisa falar alguma coisa antes de você começar a cheirar, nas mãos? Deixe-me dizer, não é uma fragrância, é um aroma, é uma fragrância, se ela tem um perfume, isso é o que eu chamaria de fragrância, ou o próprio perfume, você não pode fechar a porta, nada pode ser fechado contra isso. Mesmo que você queira chorar, e a Bíblia diz, pois quando você cai, esse é o dia de ir, e se você fechar a porta, você é uma mulher vergonhosa, ou seja, me alegro no Deus vitorioso sobre nossas vidas, e diz que está trazendo a fragrância do Seu conhecimento, e precisamos dele em todos os lugares, em poder, através de nós.

Posso lhe dizer, senhor, novamente, por favor, abra isto, um pastor que não cheira, e um devoto de nosso Senhor, não tem necessidade de estar no púlpito, de estar no púlpito, de estar no púlpito, antes você abre a boca, o que é preciso para preceder a sua pregação, é o seu aroma, então vimos que o que Deus estava procurando, não é trazer uma fragrância, Deus está procurando uma fragrância, mas sempre que Deus manda um homem para algum lugar, assim, assim, está abrindo a boca, mais radicalmente, a fragrância dele terá preenchido todos os lugares, e quando você abrir a boca e puder sentir, as pessoas saberão que alguém veio, o MSB, o que é, o que é, eles abriram a boca, abriram a boca, quando Deus passa, e Deus vai com Ele, ou aquele que foi assado, como você sabe que é esse caso, eu não vou pagar por isso . Eu não quero pagar. Deixe-me dar uma olhada.

Eu vou pagar por isso. Eu não quero pagar. Eu não quero pagar.

Eu não quero pagar. Porque a mulher, ela infringe a lei. Ninguém nunca fez tanto assim nos últimos dois dias.

Todos eles, o governo não estará lá. Portanto, uma nova mulher será simplesmente demitida. Agora deixe-me perguntar, eu apenas lhe dou uma.

Você sabe disso que o Senhor está falando? Vamos terminar com isso. Para que você possa entender muito bem. Alguém pode ler para nós? Isso foi 15, 16 e 17 da Bíblia NVI.

Você pode transmitir a NIV um? Sim. Certo. Porque somos para Deus o aroma de Cristo, entre os que foram salvos e entre os que pereceram.

Sim senhor. Para um somos o cheiro da morte, para outro a fragrância da vida, e a quem cabe a Deus tal tarefa. Com licença.

Sim senhor. O que você disse? Uma tarefa. Na verdade, essa é sua tarefa.

Qual é a tarefa de um pregador? Essa é a tarefa. Essa é a nossa vocação. Quem é suficiente para tal tarefa? A tarefa de liberar o aroma de Cristo, para que onde quer que Deus queira espalhar seu conhecimento, ele não o espalhe por meio de cartazes e pílulas de mão.

Não não não. Enriquecemos grandemente os pregadores. Seu negócio está crescendo por causa disso.

Na economia não é isso que vai progredir, é uma obra de Deus. E é porque você nunca senta e pensa. Não vá para cartazes.

Todos os cartazes que foram impressos, onde estavam, quantos caíram para você? E para nossas igrejas? A razão é porque essa não é a obra de Deus com fins lucrativos. Pelo contrário, em Cristo falamos diante de Deus com sinceridade, como um remédio de Deus. Quando Paulo começou a falar aqui, ele disse, ele disse o que vai transformar a vida das pessoas, que aqueles que vão realmente ser salvos serão salvos.

E aqueles que estão determinados a perecer, por si mesmos, determinarão que este é forte demais para nós. Este aroma é muito forte. Nós não queremos isso.

O GRANDE CONVITE

Abaixo do link de áudio do podcast:
https://podcasters.spotify.com/pod/show/otakada/episodes/Brother-Gbile-Akanni-Messages-The-Great-Invitation-e2knmr8

Agradecemos por causa do Seu propósito eterno de nos guiar juntos. Sabemos que o que nenhum homem pode fazer é exatamente o que Tu farás por nós. Estamos exigindo que você abra nossos olhos de compreensão.

Estamos implorando para que o poder de Deus, ativemos a Palavra de Deus e a abramos e quebremos de tal maneira que possamos assimilá-la, ela possa se misturar com a fé dentro de nós e possa nos fazer levantar e caminhar com Você. Em nome de Jesus Cristo. Estamos orando para que você caminhe silenciosamente entre nós.

Senhor, por mais silenciosamente que esta reunião tenha sido organizada, estamos orando para que um impacto eterno seja criado pelo Teu Espírito. Esperamos, ó Deus, que ninguém que tenha tentado estar nesta reunião fique sem um toque definitivo de Ti. Senhor, temos estes quatro dias para nos reunirmos a Ti.

Pedimos que você nos visite. Você vai morar conosco. Você abrirá nossos olhos de compreensão.

Pai, você nos ensinará a aplicar a verdade. Obrigado pai. Em nome de Jesus oramos.

Amém. Louve o Senhor. Nosso tema para esta série de ensinamentos até domingo é a noiva imaculada.

Tenho certeza de que você geralmente está ciente quando falamos da noiva imaculada, você está geralmente, talvez vagamente ciente de que há algo que chamamos de noiva e ceia das bodas do cordeiro. Tudo bem? Tudo bem. E talvez de alguma forma você também saiba que a noiva da qual estamos falando é um grupo de pessoas que foram chamadas, chamadas do mundo, chamadas do poder das trevas com quem elas poderiam ter um relacionamento. o Senhor.

Há muitas, muitas escrituras que precisamos estudar e ler. Pedirei que comecemos simplesmente olhando, quero, quero que estudemos para que possamos ler uma escritura rapidamente e depois retornaremos até algo que usaremos para concluir esta noite. Que Deus nos ajude em nome de Jesus.

GBILE AKANNI AND AMBASSADOR MONDAY O. OGBE

Agora veja Mateus, Mateus capítulo 22. Mateus capítulo 22. Você está comigo aí? Mateus 22.

Jesus respondeu: Estou lendo o versículo 1, e falou-lhes novamente por parábolas, e disse: O reino dos céus é semelhante a um certo rei que casou seu filho e enviou seus servos para chamá-los assim. estavam se candidatando para o casamento e não compareceram. E outra vez enviou outros servos, dizendo: Dizei-lhes quais são os lances. Eis que preparei o meu jantar, os meus bois, os meus animais cevados estão mortos e todas as coisas estão prontas.

Venha para o casamento. Mas eles desprezaram isso e seguiram seus caminhos, um para sua fazenda, outro para sua mercadoria, e o restante pegou seus servos e implorou-lhes maldosamente e os matou. Mas quando o rei ouviu isso, ele ficou irado e enviou seus exércitos e destruiu aqueles assassinos e incendiou sua cidade.

Então disse aos seus servos: As bodas estão preparadas, mas os que o convidaram não eram dignos. Ide, portanto, pelos caminhos, e todos quantos encontrardes, convidem para o casamento. Então aqueles servos saíram pelos caminhos e reuniram todos quantos encontraram, tanto maus como bons, e o casamento foi mobiliado com convidados.

E quando o rei entrou para ver os convidados, viu ali um homem que não estava vestido de noiva. E ele lhe disse: Amigo, como entraste aqui, não tendo veste nupcial? E ele ficou sem palavras. Então disse o rei aos servos: Amarrai-o de mãos e pés, e levai-o embora, e lançai-o nas trevas exteriores.

Haverá choro e ranger de dentes. Pois muitos são chamados, mas poucos são escolhidos. Vamos parar por aí.

Vamos ler outra escritura. Tudo o que estou fazendo é me familiarizar com algumas coisas relacionadas ao casamento antes de passar a me concentrar na noiva. Você sabe, esta semana vamos estudar a noiva imaculada, não é? Mas queremos antes de tudo descobrir que um casamento está por vir.

Há um casamento chegando. Mas quem vai casar é um assunto diferente, que é o nosso objeto de discussão nestes três, quatro dias. Mas há um casamento chegando.

E vou lhe contar o processo para entrar nesse casamento antes de prosseguir. Veja Apocalipse capítulo 19. Apocalipse capítulo 19.

Você está aí? Você está aí? Rapidamente. Rapidamente. Gostaríamos de ler.

DO IRMÃO GBILE AKANNI COM LINKS DE ÁUDIO : O PRIVILÉGIO DE ESTAR NO MINISTÉRIO PORTUGUESE

Vamos ler o versículo cinco. Talvez devêssemos ler o versículo quatro para que você possa edificar. E os vinte e quatro anciãos e os quatro animais prostraram-se e adoraram a Deus que está assentado no trono.

Amém. Aleluia. E saiu uma voz do trono, dizendo: Louvai ao nosso Deus, todos vós, seus servos, e vós que o temeis, tanto pequenos como grandes.

E ouvi, por assim dizer, a voz de uma grande multidão, e como a voz de muitas águas, e como a voz de um poderoso trovão, dizendo: Aleluia, porque o Senhor Deus onipotente reina. Regozijemo-nos, regozijemo-nos e demos-lhe honra, porque são chegadas as bodas do Cordeiro, e a sua esposa já se preparou. E foi-lhe concedido que se vestisse de linho fino, puro e branco, porque o linho fino é a justiça dos santos, e ele me disse: Escreve: Bem-aventurados aqueles que são chamados à ceia das bodas do Cordeiro.

E ele me disse: Estas são as verdadeiras palavras de Deus. Que Deus abençoe esta palavra, em nome de Jesus. Amém.

Agora, quando lemos no livro de Mateus, o Senhor Jesus disse: O reino de Deus, o reino dos céus, é semelhante a um certo rei que celebrou um casamento para seu filho. E esse versículo bíblico é um versículo muito convincente para começarmos nosso estudo. Às vezes você diz: como está o reino dos céus? Muitas pessoas dizem, quando você diz reino dos céus, reino dos céus, reino dos céus, como é? Qual é o traço característico? Existe algum modelo de ensino que possamos usar para analisar e discutir adequadamente a natureza do reino dos céus? E em vários pontos, o Senhor Jesus Cristo, ele usou diferentes meios para transmitir a verdade.

Você está comigo? E ele usou parábolas diferentes. E cada uma dessas parábolas foi usada especificamente para representar diferentes aspectos ou diferentes ênfases relativas ao reino dos céus. Agora, enquanto você está lendo Mateus capítulo 22, parece uma parábola.

Quando chegamos ao livro de Apocalipse, que é o fim de todas as coisas, você notou que a Bíblia termina onde paramos? O que ele disse? Ele disse, escreva. Você se lembra que ele disse algo assim? Apocalipse 19, ele diz, escreva. Bem-aventurados aqueles que foram chamados à ceia das bodas do Cordeiro.

Estas são as verdadeiras palavras de Deus. Então, posso lhe dizer o que parece ser uma parábola em Mateus? O que é isso por Apocalipse? É uma palavra verdadeira de Deus. Um dia destes, isso acontecerá.

GBILE AKANNI AND AMBASSADOR MONDAY O. OGBE

Não é uma mera ideia. Não é uma ficção que algumas pessoas simplesmente montam apenas para mantê-las ocupadas. A Bíblia diz que estas são as verdadeiras palavras de Deus.

Anotá-la. Não sei se você entende isso. Agora, se alguém está lhe contando algo, e eu disse, pegue sua Bíblia e ore.

Escreva e me cite. O que você vai fazer sobre o que o homem está dizendo? Eh? Como você desfaz isso? Você leva isso de ânimo leve? Você leva isso a sério. Diga, escreva.

Porque, veja bem, quando você escreve, um documento escrito é um documento eterno. Eu espero que você saiba disso. Uma consulta verbal.

Alguém chama você de MD do seu escritório ou de seu chefe imediato. Ele liga para você e diz: Doutor, você pode explicar por que não está no escritório segunda e terça? Diga-me por que você não está no escritório. Se for uma discussão verbal, há algum problema? Eh? Você sabe que não é sério.

Mas suponhamos que ele o cumprimentasse e dissesse: Doutor, não o vimos na segunda e na terça. Eh? Você diz, você sabe, minha esposa, né? E você explicou. E você sabe o que disse, né? Agora, quando você chega ao seu escritório, o mensageiro do escritório simplesmente chega e lhe entrega uma carta e diz: Doutor, ele se dirigiu a você oficialmente.

Ele disse: você pode explicar por escrito, nas próximas 24 horas, por que se ausentou do serviço oficial na segunda e terça-feira, 9 e 10 de setembro de 1996? Assinou alguma coisa, alguma coisa, alguma coisa sua e depois copiou. O que vai acontecer? Você sabe agora que o assunto é sério. Suponhamos que você foi até ele, você voltou e disse, ah, não, você sabe, mas eu contei, eu expliquei para você.

Você diz, ah, ok, ok, ok. Não tem problema, não tem problema. Sem problemas.

Eu entendi. Mas ele não retirou essa carta. Ele também não se retirou de onde copiou.

Ele até comprou uma garrafa de mariposa para você e relaxou com você. O assunto terminou? Por que ainda não terminou? Está escrito. Está escrito.

Agora escute. Com relação a esta questão que queremos discutir neste fim de semana, Baba diz: fazer o quê? Escrever. E eu quero que você tome nota.

Escreva. É porque caso alguma coisa aconteça, eu não rezo para que aconteça, e acontecer de você perder essa experiência gloriosa, os registros

DO IRMÃO GBILE AKANNI COM LINKS DE ÁUDIO : O PRIVILÉGIO DE ESTAR NO MINISTÉRIO PORTUGUESE

mostrarão. Caso você tenha perdido de alguma forma a qualificação para esta ceia de casamento que o próprio Deus está preparando.

O próprio Deus vai organizar uma cerimônia de casamento para seu filho. Quando você esteve aqui, quando Jesus esteve aqui, ele se casou? Ele se casou? Não não.

Há um motivo pelo qual ele não se casou, que vamos estudar. Isto é um seminário, então vamos estudar. Vamos pesquisar na Bíblia, pesquisar na Bíblia, pesquisar na Bíblia, pesquisar na Bíblia.

E você sabe, ainda não comecei a pesquisar aquela Bíblia com você. Mas estamos lidando com preâmbulos. E o primeiro preâmbulo é que a sua atitude em relação a este assunto não pode ser de leviandade, pode ser de descuido.

O que ele disse? Escrever. Cada questão que o Senhor levantará conosco em relação a quem se qualifica para fazer parte da noiva e dessa cerimônia. O que Baba disse? Escrever.

Tome nota. Ele diz para escrever, não porque não confie na sua cabeça. Ele sabe que você é muito brilhante.

Ele sabe que você pode balançar a cabeça e dizer: Aleluia, Aleluia, Aleluia. Eu entendo tudo. Mas não será suficiente.

Você deve escrever isso, mas não em tabelas de papel. Você está me ouvindo? Você deve escrever essa coisa onde ela nunca poderá passar. Você viu meu rosto? Você viu alguma escrita? Eh? Quando isso foi escrito? Há muitos anos.

Eu tinha apenas 40 anos, quero dizer, 40 dias quando foi escrito. Pode esfregar, senhor? Por que não? Eh? Aleluia. Foi escrito onde nunca poderá ser esfregado.

Estava gravado na carne. Quando eles estavam escrevendo, eu estava chorando. O sangue estava jorrando.

Eu estava fazendo a perna assim, assim, e o homem que estava escrevendo continuou escrevendo. Eu continuei chorando, mas ele continuou escrevendo. Ele disse: este homem, você é mau.

Ele disse não. Ele disse, com lágrimas, com choro, com papel, o vento faz marcas. Mas quando é curado, torna-se seu tesouro permanente.

Alguns de vocês estão se perguntando: qual é o tesouro disso? É porque você não sabe. É porque você não tem. Aleluia.

Se você o tem, sabe que é um tesouro. Eu nunca poderei estar perdido. Nunca posso estar enganado.

GBILE AKANNI AND AMBASSADOR MONDAY O. OGBE

Tenho uma identidade permanente, legível em qualquer lugar, aberta a todos os homens. Quanto mais eu cresço, maior, mais profundo, mais amplo, mais ousado ele se torna. Se eu engordar, ele engordará.

Se meu rosto se expandir, ele se expandirá. Se eu explodir, ele explodirá. É uma escrita permanente.

Você não pode removê-lo e não pode reescrevê-lo. Amém. Os cirurgiões plásticos, às vezes, eles tentam.

Mas tentar desescrevê-lo é fazer o quê? É para criar mais danos. É para criar mais danos e me desfigurar completamente. Quero que você faça uma oração, porque o Mestre disse, escreva.

Você precisa escrever as coisas que o Senhor lhe dirá na mesa do seu coração. Deixe-os levá-lo para Londres. Deixe que eles o tragam de volta e o mandem para a Jamaica.

Em qualquer lugar, nunca pode passar. Deixe que eles lhe marquem um encontro de status mundial. Deixe você se tornar a personalidade mais importante do mundo.

Deixe todas as oportunidades surgirem em seu caminho. De tal maneira que esta coisa está escrita, que não pode ser apagada. Aleluia.

Poucas vezes você ouve Deus dando instruções e dizendo: escreva. Muito poucas vezes. Você pode contar poucas vezes quando Deus diz, escreva.

Mas geralmente quando Deus diz, escreva, é algo que nunca deve ser esquecido. Nunca deve ser manuseado descuidadamente. Nunca ficar superlotado.

E nunca ser tratado levianamente. Era para ser alguma coisa, uma marca de referência. Essa é uma oração falsa.

Esse Deus, isso que você está dizendo, e você está instruindo que deveria ser escrito. Não me deixe escrever no papel. Porque o papel desaparecerá em breve.

Deve ser escrito de forma indelével nas tábuas dos seus corações. Minha oração por você enquanto avançamos é que essas questões, quando você acordar no meio da noite, sejam escritas com ousadia em seu coração. Quando você viaja e não há sequer uma comunhão, isso ficará escrito com ousadia em seu coração.

Quando há muito dinheiro e você está sendo muito promovido. E as pessoas a torto e a direito estão fazendo o que querem. Será escrito com ousadia em seu coração.

DO IRMÃO GBILE AKANNI COM LINKS DE ÁUDIO : O PRIVILÉGIO DE ESTAR NO MINISTÉRIO PORTUGUESE

Pois está escrito lá. Isso é uma espécie de oração. Em todas as situações, sob estresse, sob prazer, está escrito para nunca ser roubado.

Então veja, quando o mestre diz, certo, estas são as verdadeiras palavras de Deus. Então significa que é algo em que se concentrar. É algo para orar até que você entenda.

É algo que você não pode perder. Existem muitas outras coisas boas, boas, boas na Bíblia, mas Deus nunca ordenou especificamente que você fizesse o quê? Para escrevê-los. É como se eles não fossem pré-requisitos.

É como se você esquecesse esses, não há problema. Mas quando você chegar a algo de que precisa durante toda a sua jornada, eu digo, escreva. Portanto, sua primeira oração enquanto estudamos, Senhor, fale comigo de uma maneira que se torne uma experiência indelével em minha vida em nome de Jesus Cristo.

Você está ouvindo o que estou dizendo? OK. Agora, Jesus disse: Um certo rei estava casando seu filho. Mas como é gente, são essas coisas que estou estudando com vocês.

Ainda há preâmbulos. Há momentos em que podemos não terminar estes preâmbulos esta noite, mas está tudo bem. Agora, diz ele, como as pessoas são convidadas para este casamento? Como as pessoas se tornam participantes desse arranjo? Qual é o método pelo qual os homens são trazidos para este casamento? Olhe para isso.

Veja isso, versículo 3. 22-3. Você está aí? O que ele disse? Mateus 22-3. O que ele disse? E ele enviou seus servos para chamá-los.

Ouvir. Ouça com atenção. Você esta me seguindo? Aleluia.

Para qualquer homem ser incluído neste arranjo de casamento que o rei está preparando para seu filho, o que também descobrimos em Apocalipse capítulo 19, dizia, aqueles que foram chamados. Existe uma maneira pela qual Deus faz isso. Como ele faz isso? Descendo de seus servos.

Quando Deus quiser incluir você nesta experiência gloriosa, ele enviará um ou dois de seus servos para chamá-lo. Ele enviará alguém para ligar para você. E me dói que muitas vezes, quando Deus envia seus servos para você, ele diz, deixe-me em paz.

Por que você está pregando para mim? Você acha que eu não sei o que estou fazendo? Você não sabe para onde estou indo? Eu quero te dizer, você não sabe para onde está indo. Até você ser chamado. E você não pode naturalmente seguir o caminho que está indo e chegar à ceia do casamento.

GBILE AKANNI AND AMBASSADOR MONDAY O. OGBE

Não há ninguém nascido de mãe que possa encontrar naturalmente o caminho para o céu. Não é uma questão de educação ou acadêmicos. Não é uma questão de status social.

Não é uma questão de você acha que eu não sei? Não é uma questão de você acha que eu não sei ler a Bíblia? Se fosse assim, professores de religião, professores de teologia, teriam sido a melhor pessoa no casamento. Infelizmente, a maioria deles irá para o inferno. Se fosse pelo conhecimento, porque você pode ler muito, significaria aqueles que sabem ler grego e latim e hebraico e aramaico, aqueles que são versáteis nas línguas antigas e modernas, e aqueles que são versáteis em filosofia, a filosofia de Sócrates e Platão, teriam sido o primeiro grupo de pessoas a chegar àquela ceia de casamento.

Mas não é assim que acontece. Deus normalmente envia seus servos. Ouça com atenção.

Você está me seguindo, pequeno, pequeno? Ainda estamos fazendo preâmbulos. Deus deve nos ajudar em nome de Jesus. Agora, servos, ouçam com atenção.

Quando os servos foram enviados, observe que a demanda por resposta não é por causa dos servos. Você não está entendendo o que estou dizendo. Imagine que o chefe de estado pretende ver você, ver um dos nossos irmãos.

Digamos que ele queira ver o Prof. Agora, eles agora juntam tudo. E então eles enviam um servo, um de seus mensageiros. E então o mensageiro chega.

Ele diz, eu procurei pelo Prof. Abu Aba. Onde ele está? Onde ele está? E aí ele veio e falou, ah, Oga, aí ele falou, faz eu te ligar. E eu apenas digo, faça o que fizer, você deve se levantar agora, agora, agora, agora, agora, e fazer você me seguir.

Eu te disse, ouça, estou lhe fazendo uma pergunta. É assim que alguém deveria ter se dirigido a um professor? Eh? Não. Tudo bem.

Mas vamos imaginar que o Prof. agora disse, como ele pode falar assim comigo? Já que você não sabe como se dirigir a mim corretamente, vá dizer a quem o enviou que não irei. O que vai acontecer? Quando o Prof. pensa que está reagindo contra o mensageiro, que vê inconscientemente e involuntariamente, insultando o homem que o enviou. Deixe-me dizer, não importa quem aparece como servo de Deus.

Tem. Não importa se ele fala bem inglês ou não. Não é importante como ele se dirige a você.

DO IRMÃO GBILE AKANNI COM LINKS DE ÁUDIO : O PRIVILÉGIO DE ESTAR NO MINISTÉRIO PORTUGUESE

Ele pode não ser educado. Não importa se ele reconhece seu status e lhe deu a denominação correta. Não é muito importante se ele sabe falar a gramática correta ou não.

E eu aviso vocês, alguns de vocês, vocês se recusaram a responder ao chamado para a ceia das bodas. Na sua opinião, a maneira como eles falam. Eu teria sido cristão, mas odeio a maneira como essas pessoas ficam ali e dizem: Se você não se arrepender, irá para o inferno.

Se você é assim, deixe-me ir para o inferno. Desculpe irmão, deixe-me dizer a você. Se você ficou irritado com o mensageiro, seu pensamento é o mensageiro contra o qual você está reagindo.

Você está reagindo contra o Deus Todo-Poderoso. E você está chutando contra a eternidade. E, no entanto, ninguém chega a este casamento, exceto a convite de um dos sermões.

Algumas pessoas disseram: não vou acreditar. Ele é o próprio Deus. Apenas levantei-me no teto e disse: Profeta Francisco, Profeta Francisco, eu, o Deus todo-poderoso, eu, o Jeová El Shaddai, eu estou chamando você.

E então você recebe e diz: Fale pelo seu servo. Aleluia. Deixe-me dizer a você, irmão, nunca é assim.

Você está me ouvindo? Nunca é assim. Essa é a primeira coisa que quero que você observe. O pregador pode não estar bem vestido.

O pregador pode não ser civilizado. O pregador pode não ser simpático. O pregador pode ser rude.

O pregador pode não ser rico. O pregador pode não ser educado. O pregador pode não ser capaz de falar bem inglês.

Mas os maneirismos do pregador não são suficientemente espirituosos para que você rejeite o convite. E quero perguntar-lhe: O que você fez com todos os muitos servos que lhe foram enviados? Alguns, eles se sentam na congregação. Uma vez que o pregador tenha feito isso, eles dizem: Pode sair alguma coisa boa desta Nazaré? O que ele sabe falar? Eu vejo falando assim.

Que bem ele foi? Ele está tentando se dirigir a mim. Irmão, e não há outra maneira pela qual Deus chama os homens para esta ceia de casamento, exceto pelo envio da força de suas mãos. Por que pregamos o evangelho? É porque é o único meio de levar os homens às bodas do Cordeiro.

E primeiro vou lhe perguntar: você reagiu de forma exagerada contra a forma como um mero mensageiro apresentou a mensagem e você a jogou fora?

GBILE AKANNI AND AMBASSADOR MONDAY O. OGBE

Há alguns de vocês que o primeiro pastor que conheceram os decepcionou tanto. E você disse: Olha, se tem pastor eu prefiro ir para o inferno. Você realmente prefere ir para o inferno por causa de um pastor? Porque na porta do inferno, onde você está aí, eles dizem: Por que você rejeitou a mensagem que lhe enviamos? Você diz: O pastor não se expressou claramente.

Eu digo, jovem, por que você recusou o grande convite para o reino de Deus? Você diz: Bem, quando o jovem trouxe a mensagem, ele não foi educado. Só porque ele me viu parada com meu namorado. Ele me disse: Com licença.

Ele simplesmente saltou sobre nós. Ele saltou sobre nós. Ele interrompeu nossa discussão.

E eu me senti um inferno com ele e sua mensagem. Foi por isso que recusei. E sempre que os ouço cantando, Jesus pode ser salvo, Jesus pode ser salvo, Jesus pode... Eu digo: Para o inferno com tudo.

Sempre que eles estão fazendo isso, eu apenas coloco meus óculos para não me importar com o que acontece. Eles dizem: Ah. É por isso que você rejeitou uma grande oferta que teria mudado sua vida.

Agora que você rejeitou a pessoa com quem está brigando, onde ela está? Ele está do outro lado. Amigo, quero te dizer... Você está me seguindo, pequeno, pequeno? Ah, sim. Se houvesse outra maneira pela qual Deus traz os homens para o reino, além da pregação da palavra de Deus por meio de seus sermões, estaríamos fazendo isso.

É verdade. Você esta me seguindo? Nem todos os mensageiros estão bem. Mas, se fossem eles que se enviassem, você estaria justificado.

Mas eu quero lhe dizer: recolha a mensagem, esqueça o mensageiro e faça algo a respeito. Você pode não gostar do meu rosto, embora eu saiba que você gosta do meu rosto. Aleluia.

Talvez não gostem do meu discurso, mas a questão com que estamos a lidar é ainda maior do que eu. Posso lhe dizer que a mensagem do reino de Deus é maior que o mensageiro. A mensagem da sua libertação, o convite para participar da ceia das bodas do Cordeiro que vem até você, é maior do que o homem que a está pregando.

Você está ficando desiludido. Alguns dizem, olha, a razão pela qual eu não quero nada sobre a igreja é que a igreja é comercializada hoje em dia. Todos os desistentes dirão que Deus os chamou, Deus me chamará também.

DO IRMÃO GBILE AKANNI COM LINKS DE ÁUDIO : O PRIVILÉGIO DE ESTAR NO MINISTÉRIO PORTUGUESE

Deixe-me dizer-lhe, não peço que não brigue com eles, mas enquanto estiver brigando com eles, aceite primeiro a mensagem. Observe o conteúdo da mensagem. Não jogue isso de lado e diga não, considere a mensagem.

É o que vai mudar o seu destino. Parece que ainda não posso sair desse lado. E ele enviou seus servos para chamar os que estavam convidando para o casamento.

E eles não viriam. Mas ainda estou esperando. Quando eles não vieram, o que ele fez novamente no versículo 4? O que ele fez de novo? Ele enviou outros servos e alguns de vocês estão me ouvindo.

Deus enviou dois, três, quatro, até cinco servos diferentes dele para ligar para você sobre o mesmo assunto. Quando eu ainda estava lecionando, eles enviaram um cobre para o meu departamento e como eu era o chefe interino do departamento, deveria recebê-lo, coletar seus dados e atribuir-lhe um emprego. E quando ele veio, eu cumprimentei ele, chamei ele pelo nome, falei, bem-vindo, bem-vindo a esse departamento.

Este é o departamento de física. Isto, isto, isto, isto, isto, aquilo, aquilo, aquilo. Quando ele terminou, eu havia ministrado a ele os cursos que achei que ele poderia ministrar.

Eu me certifiquei de que ele recebesse uma alocação de acomodação. Então, uma noite, e também, agora não sou mais chefe de departamento, sou um servo de Deus. Então, quando eu estava entrando, eu disse: bem-vindo, senhor.

Eu disse, não, não vim como HOD. Venho com uma mensagem do Deus todo-poderoso para você. E eu o encarei e a mensagem foi tão direta que eu estava contando a ele sobre Jesus.

Como ele não pode fugir de Jesus? Você sabe o que o jovem fez? Eu não sabia. Ele simplesmente brotou. Ele disse, me deixe em paz! Me deixe em paz! Aleluia.

Mas você vê, eu não era HOD. Eu não estava atacando ele. Você sabe, fiquei bastante surpreso porque, exceto pelo fato de que agora eu disse que vim pregar para ele, ele não ousa dizer isso para mim como seu chefe no escritório.

Você vê, infelizmente, pessoas que não podem te insultar no meio empresarial, quando você agora carrega a palavra de Deus e prega, há uma espécie de indignação dentro delas. Com licença. Não não não.

Isto não é igreja. E quero lhe dizer que a religião é um assunto privado. É um assunto pessoal.

E não quero que ninguém interfira e mexa nos meus assuntos. Isso realmente não diz respeito a você. Louve o Senhor.

É você quem me ensina a orar? Se eu quiser orar, sei onde orar, quando orar e como fazer minha oração. Então, por favor, não queira. Então esse jovem brotou.

Me deixe em paz. Deixe-me. Deixe-me.

Deixe-me. É o suficiente. Já é suficiente.

Eu disse, o que aconteceu? Ele disse: por que é que onde quer que eu vá, alguém está sempre atrás de mim e não tem outra mensagem para mim, exceto que você deve nascer de novo. Você deve nascer de novo. Em casa, meu pai, quando eu morava em casa, ele dizia, cuidado.

Você ainda não nasceu de novo. Você deve nascer de novo. Na escola, diziam, é preciso nascer de novo.

Você deve nascer de novo. Mesmo no fim de semana passado, quando fui relaxar com meu amigo cobre, quando estava sentado, alguém apareceu e estragou meu apetite. Você deve nascer de novo.

Você deve nascer de novo. E aqui novamente, quando eu pensei que deveria estar livre, você está aqui novamente. Olha, estou cansado disso.

Eu disse não. Mas por que você quer morrer? Foi quem te disse que quero morrer? Eu não quero morrer. Eu vou viver.

Estou vivendo. Eu disse que você quer morrer. Deus está chamando você.

Você acha que fui eu quem te ligou? Eu já te conheci antes? As coisas que lhe contei agora não são verdadeiras sobre a sua vida? Por que isso não te incomodou? Eu disse, por que agora? E para você dizer Deus, eu entrego tudo. Ele disse: sinto muito por ser rude com você, mas me dê um tempo. Me de tempo.

Não. Dê-me tempo. Você sabe o que aconteceu com o menino? Porque, claro, toda semana, todo dia ele tem que me encontrar no departamento.

Então, cada vez que ele vem, ele sempre finge que está com pressa. Para que ele apenas diga bom dia, senhor. Bom Dia senhor.

Bom Dia senhor. Com licença, posso ficar com o currículo do curso... O que o faz correr assim? Algo o está empurrando. Graças a Deus o homem nasceu de novo hoje.

DO IRMÃO GBILE AKANNI COM LINKS DE ÁUDIO : O PRIVILÉGIO DE ESTAR NO MINISTÉRIO PORTUGUESE

Deixe-me perguntar a você, irmão. Quantos mensageiros você recusou? Há momentos em que Deus enviou um homem de Deus para pregar. E enquanto ele está pregando, parece que é a sua história que ele está contando.

Mas em vez de você se arrepender, sabe o que você fez? Você acabou de se ajustar. Você sabe o que está dizendo? Aqui não. Aqui não.

Aqui não. Se eu me levantar agora, ele pensará na sua mensagem que me converteu. Aqui não.

Aqui não. Deixe-me dizer-lhe, todo homem que se converteu sempre o fez pela entrega de uma mensagem através de um servo. Se você entregar sua vida a Jesus Cristo esta noite, você não estará fazendo nada de estranho.

É a coisa correta a fazer. Você está entendendo o que estou dizendo? É assim que Deus faz. Se você vai fazer parte dessa ceia de casamento de que vamos falar, você tem que ser convidado.

O servo deve vir e lhe dar uma mensagem. Aleluia! Quero ilustrar isso antes de terminar. Porque quero que você entenda algumas coisas.

Essa compreensão preparará sua mente. Essa compreensão irá ajudá-lo a concentrar-se corretamente, a orar corretamente, a decidir o que fará com esta mensagem. O mensageiro pode ser muito, muito, muito inferior a você.

É verdade. Mas a mensagem que ele trouxe vem do Deus todo-poderoso, que é muito, muito, muito, muito superior a você. Aleluia! Quantos servos passaram pelo seu caminho e você rejeitou? Um dos meus professores no campus era professor do início dos anos 70.

Um dos profs mais notáveis. Ele teve avanços em seu campo. O primeiro em África.

Mas ele era um bêbado. Ei! Prof. Prof seria a última pessoa em cada salão de dança. E você sabe, uma vez que o prof está bêbado, garotinhas, garotinhas, garotinhas, aquela que acabou de vir para ler as preliminares ou algo assim, o prof vai correr atrás deles.

Ha! Então, um dia, não sei como o professor cometeu um erro. Um bom erro. Ele convidou uma das meninas.

Ele não sabia que a menina era uma SU nascida de novo. E como o prof convidou a garota para dentro do quarto dele, no escritório. E a menina veio e disse: Senhor, o que você quer? O que você diz, senhor? Ele disse, sente-se agora, sente-se.

GBILE AKANNI AND AMBASSADOR MONDAY O. OGBE

Ah, ah. Você sabe, a educação não muda o mau comportamento de alguém. Veja, veja, remova todo senso de decência.

Veja, isso tira todo senso de decência. E o prof começou a querer começar a fondue na menina. E a menina levantou-se e disse: Com licença, o que quer dizer, senhor? Você me conhece? Eu sou um filho de Deus.

Eu sou um cristão. Eu não faço isso. Se eu falhar, por causa disso, prefiro até perder a admissão.

Eu sou um filho de Deus. E enquanto a garota estava indo, acho que ela fez isso emocionalmente. Ela foi bastante rude com o prof. Enquanto ela estava indo, ela disse: Mas eu lhe digo, professor, se você não se arrepender, você também perecerá.

E ela deixou um folheto. Essa é a mensagem. Deixou um folheto.

Prof ficou furioso. Meu? Ninguém me insultou assim em toda esta universidade. Ela estava se movendo para cima e para baixo dentro desta sala.

Você já ficou furioso sozinho? Ele estava subindo e descendo assim. Meu? Meu? O que há naquela garota? Meu? Ele primeiro removeu o folheto e o jogou fora. Mas veja, depois que ele jogou fora o folheto, ele não conseguiu mais.

Então deixe-me saber, deixe-me ler o que ela disse. Eis que mais um servo, falando direto ao problema do prof. Ha! Ele não podia, ele não podia jogar fora. Ele se deitou em seu escritório diante de um folheto.

E o professor se arrependeu. Nasci de novo. Aleluia! Agora ouça, não importa quem seja o servo.

A mensagem é maior que o mensageiro. Certifique-se de não rejeitar o grande convite para fazer parte deste time de pessoas que participarão da ceia das bodas do Cordeiro por causa de quem eu tenho sido usado. Cada vez que me lembro da história do professor, me sinto tão bem.

Quantos servos você rejeitou? Jovem, quantos servos? Alguns de vocês começaram a ouvir a mensagem correta desde a graduação. Você terminou, fez pós-graduação, leu o doutorado, saiu. Cada vez que eles dizem vamos orar, você diz, bem, eles vieram de novo, eles vieram de novo.

E então você ajusta seus óculos e sai. Você sabe quem está abandonando? Você está transmitindo uma mensagem que é capaz de mudar sua vida. É aí que está a sua paz.

É aí que está a sua libertação. É aí que a alegria e a realização de Deus chegarão à sua vida. Você não pode se dar ao luxo de rejeitá-lo.

DO IRMÃO GBILE AKANNI COM LINKS DE ÁUDIO : O PRIVILÉGIO DE ESTAR NO MINISTÉRIO PORTUGUESE

Veja, eu lhe disse que este preâmbulo, não podemos concluí-lo agora. Quero parar por aí enquanto isso. A Bíblia disse, mas eles menosprezaram isso, versículo 5, você viu isso? E seguiram seus caminhos.

Isso se parece com sua resposta? Eles fizeram o que? Eles fizeram pouco caso disso. E seguiram seus caminhos. Um para sua fazenda, outro para sua mercadoria.

Ouvir. Vá para Lucas 14. Será mais significativo se virmos o que eles disseram.

Lucas 14. É a mesma história repetida em Lucas 14. Mas com uma descrição mais detalhada.

Versículo 12. Não, não quero o versículo 12. Quero o versículo 17.

Você já viu isso? Alguém pode ler para mim? Versículo 17. Versículo 17. E na hora da ceia mandou o seu servo dizer-lhes: Sim, senhor.

Vir. Todas as coisas estão prontas. Vá em frente, senhor.

Versículo 18. E todos eles com o mesmo consentimento começaram a se desculpar. Vejamos suas desculpas.

O primeiro lhe disse: Comprei um terreno. Eu preciso ir e ver. Vamos esperar aí.

Quero que todos vocês, por favor, vamos analisar isso rapidamente. Aleluia. Você está me seguindo pequeno, pequeno? Bom.

Agora, a que horas eles os convidaram no versículo 17? Por favor, qual é o intervalo de horários da hora do jantar? Eh? Das 19h às 22h. É quando realmente é o horário normal do jantar. Você está entendendo isso agora? Agora este homem diz: Comprei um terreno.

Ouvir. Ele comprou. Não que eu vá comprar.

Quando ele diz que comprou, qual o significado disso? Ele já pagou por isso. Ele pagou por um terreno que nunca viu. Eh? E então, que hora para ir e ver.

Na hora do jantar. Entre 19h e 10h. Um pedaço de chão.

Agora, você está rindo agora. Por que você está rindo? Eh? Ele é irracional. Ele é estupido.

Deixe-me dizer-lhe. As desculpas que você tem para rejeitar Jesus são estúpidas. Eles disseram, venha.

Todas as coisas estão prontas. Eles não estão dizendo que você deveria pagar. Eles não estão pedindo para você comprar nada.

Eles não pedem que você venha nos ajudar a cozinhar. Todas as coisas estão prontas. Todas as coisas sobre a sua salvação.

Todas as coisas sobre sua libertação. Tudo sobre o seu progresso. Eles agora estão prontos.

Jesus pagou o preço e morreu na cruz. E eles disseram: venham até mim, todas vocês que trabalham e são mulheres pesadas, eu lhes darei descanso. Quanto custa para você vir? Nada.

Se você veio e ele não te deu descanso, pelo menos você tem uma bolsa. E diga a ele, eu disse, com licença, sabe, é por isso que eu sabia que você era um mentiroso. Eu vim e você não me deu descanso.

Mas este homem diz: Comprei um terreno e preciso ir vê-lo. Me desculpe. Estou me perguntando: qual é a razão pela qual você está pedindo a Deus que, por favor, o dispense de sua bênção? Com licença, por favor, do seu programa de saúde.

Com licença. Perdoe-me da sua salvação. Como você está colocando o nome de outras pessoas, por favor, desculpe meu nome.

Cada vez que você ouve a palavra de Deus e vira a cabeça assim, você está dizendo: peça licença. Prefiro sofrer e morrer e ir para o inferno, do que vir para a ceia que está pronta. Qual é a sua desculpa para recusar o amor do Salvador? Qual é a sua desculpa para permanecer levianamente em relação a esta grande salvação que o próprio Deus começou a nos falar e confirmou pela mão de seus apóstolos com sinais e maravilhas? Qual é a sua desculpa? Agora, vamos ver o que o homem disse que comprou.

Veja, adoro estudar a Bíblia cuidadosamente. Eu esperava ter dito: Comprei um terreno. Ele disse que comprou terras.

Qual é o significado disso? Como você pode comprar um terreno? Mas eu sei o que ele disse. Você vê, chão. Se você olhar agora corretamente em inglês, estará falando de uma base.

Tudo bem? Você está falando, dizem eles, com base em que está fazendo sua afirmação? É assim mesmo? E este homem diz: Comprei outro terreno. Não sei qual terreno você comprou. Alguns disseram que era a base dos serviços humanitários.

Alguns dizem, olha, o que é o Cristianismo? Não é ser bom para o próximo? Eu nunca disse que não deveria ser bom para alguém. Nunca me opus a ninguém. Há algum problema comigo? Eu comprei um terreno.

DO IRMÃO GBILE AKANNI COM LINKS DE ÁUDIO : O PRIVILÉGIO DE ESTAR NO MINISTÉRIO PORTUGUESE

Alguns compraram o terreno da excelência acadêmica. Lembro-me de uma das minhas tolas, você sabe que tenho bons professores e tenho tolos. Eu tive um palestrante.

Não sei. Você sabe, ainda estávamos desenvolvendo a teoria da gravitação. E estávamos olhando para a lei da gravitação de Newton.

E enquanto estávamos desenvolvendo isso. Desenvolvendo-o e construindo-o. Então este homem disse, ele realmente quer que façamos uma experiência.

Você sabe, na lei da gravitação que dissemos, entre dois corpos existe uma piscina entre dois objetos materiais. E, a menos que você saia do campo gravitacional, você não poderá sair, você sempre estará sob essa piscina. Assim como o homem disse, vamos imaginar que Deus está a qualquer centímetro acima do campo gravitacional da Terra.

Você está entendendo isso agora? Nesse sentido devemos calcular quantos, quanto tempo levará para enviarmos daqui uma mensagem para Deus. E para que o resultado volte. Aqueles de nós que disseram, acreditamos em orações.

Supondo que a velocidade mais rápida, sim, a velocidade mais rápida já conhecida seja a velocidade da luz naquele ponto. Então, vamos supor que nossa mensagem viajará na velocidade da luz. Você sabe quando calculamos isso? Você sabe a resposta que obtivemos? Que para uma mensagem deixar o planeta Terra e escapar do campo gravitacional para o espaço sideral e se dissermos que Deus não está em nenhum lugar distante do espaço sideral, está apenas um centímetro além dele.

Levaria 75 anos, 13 dias e alguns segundos para que a resposta voltasse. E você sabe o que ele disse? Ele disse que é por isso que ele não ora. Você consegue imaginar isso? Ele disse que é por isso que ele não ora.

Porque ele sabe que é um tolo. Mesmo que Deus esteja lá para fazer um pedido de oração para que você obtenha uma resposta, leva uma vida inteira de 75 anos e ele ficou tão feliz por ter feito uma descoberta. É claro que alguns de nós que sabíamos melhor contamos a ele e dissemos com licença, você está errado.

Falei com ele esta manhã e ele respondeu aleluia. Ouvir. Ele disse que comprei um terreno.

Qual terreno você comprou? Alguns de vocês estão se recusando a dar atenção à palavra de Deus porque seu tio está no governo. Seu tio é o ministro.

Cada vez que pregamos, a menina diz não, não, estamos no governo, estamos no governo, estamos no governo.

Vamos orar sobre isso, ele disse que não há necessidade de orar sobre isso. Vou falar com o tio. Que terreno você comprou para pedir a Deus que o dispensasse deste grande convite para uma experiência espiritual gloriosa pela qual você não vai pagar?

Algumas jovens, quando querem se casar, dizemos que entreguem sua vida a Jesus para que possam ter um marido correto. Ele disse não, não, não. Eu sei minha escolha.

Eu entendo que você vê. Se eu disser que estou indo para a sua irmandade agora, alguns de seus irmãos que abandonaram a escola dirão que tive uma visão para você. Todos aqueles que não têm gente, não têm ninguém procurando por eles, são os que ingressam na sua irmandade.

Olhe para mim, sou bonita, sou fofa e estou cortada. Deixe-me dizer que as mulheres mais bonitas não têm casa. Eles não têm casa.

Que terreno você comprou? Qual chão você já comprou nessa hora da ceia? Que terreno você comprou e está pedindo a Jesus que o desculpe? Aonde você vai na hora do jantar? O que você verá na escuridão? Como você pode inspecionar um terreno no escuro? Se uma cobra estiver dentro daquele chão, você consegue vê-la? Veja, é isso que você faz consigo mesmo ao pedir ao Senhor que o desculpe. Cada vez que a palavra de Deus chega a um homem e ele pega o boné ou o chapéu ou os óculos e sai e não toma uma decisão, ele diz: Senhor, me desculpe. Não estou interessado.

Eu tenho um terreno. A base dos contatos comerciais? E algumas pessoas dizem: olhe, eu teria estado lá, mas você vê, tenho alguns negócios, alguns negócios, alguns negócios. O negócio é seu novo terreno? Por boicotar a ceia do casamento? Por favor, me desculpe.

Eu comprei um terreno. Que terreno? Em que terreno você está? Mas lembre-se disso por escrito. Em Cristo, a rocha sagrada em que estou, todos os outros terrenos são areia movediça.

Todo o resto do terreno é areia movediça. Todos os outros solos afundam areia. Alguns de nós acabamos de comprar um novo terreno de amuletos.

Encantos. Você pode estar pensando que pessoas educadas não usam amuletos. Não conte.

DO IRMÃO GBILE AKANNI COM LINKS DE ÁUDIO : O PRIVILÉGIO DE ESTAR NO MINISTÉRIO PORTUGUESE

Não é verdade. Aquilo que está enterrado como estamos entrando em casa o bode salva-vidas que foi enterrado. Então, quando você vê as pessoas, elas saem.

Eles são tão ousados. Eles são tão ousados porque Baba, na aldeia, acaba de lhes dar algo. Você não sabia comer noz de cola quando era jovem.

Agora você está comendo noz de cola. E Jesus disse vem, eu te darei descanso. Quando você colocar sua vida em minhas mãos, quando você confiar sua vida em minhas mãos, nenhuma arma fabricada contra você prosperará.

Mas ele disse que me dê desculpas por isso. Acabei de comprar um novo terreno. Mocinha, que terreno você acabou de comprar? Esse motivo pode ser o jovem que ele diz que vai se casar com você.

Ele me incomoda para dizer que me procure, ele vai terminar com você. Ele me incomoda. Alguém se casou e depois de três meses o marido simplesmente caiu morto.

Essa é a mulher pela qual você recusou Jesus. Que terreno você comprou? Agora olhe para o próximo. Senhor, não se canse de ler para nós.

Leia mais uma vez. Versículo 90. Outro disse que comprei cinco juntas de bois.

Eu vou prová-los. Me desculpe. Em que momento? Na hora do jantar.

Você vê que as desculpas eram estúpidas. Não gosto de insultar as pessoas, mas terei lhe dito que qualquer razão que você tenha para rejeitar este convite de Jesus, essa razão é estúpida. É uma razão estúpida.

Você não está pensando bem. Na hora do jantar. Na hora do jantar vou prová-los.

O que um homem pode provar? O que você está provando? E para quem você está me provando? O que você está provando nessa hora da ceia? O que você está provando a esta hora tardia? Eh? Algo contra o qual você tem lutado desde os 21 anos. Agora você tem 45. Você não conseguiu o que procurava.

Você ainda diz que vai provar isso. O que você está provando? Eh? Você é casado? Isso é 20 anos. Seu marido não parou de correr atrás das meninas.

Ele muitas vezes te envergonha com garotas que são como sua filha pequena ou sua irmã mais nova. E você vê. Eu diria, olha, só Jesus pode mudar essa situação.

Você diz, não. Não. Acabei de aprender algumas técnicas novas.

Alguma nova receita de comida. Eu vou prová-los. O que você está provando? Que ponto você está provando, meu irmão? Mamãe, o que você está provando? Eu te chamo de mamãe porque você agora é avó.

O que você está provando nessa hora de ceia da sua vida? O que você está provando? Se isso funcionar para você, deveria ter funcionado. Mosteiro? Se existe uma maneira de fazer isso, Abba, você deveria ter descoberto. Noites sem dormir, dizem, vai aqui, vai aqui, vai aqui.

Um dos meus irmãos mais velhos, que é professor, somos da mesma aldeia. Você sabe o que aconteceu com ele? Eu não sabia quando ele se arrependeu, então fui até o Cardeal estar pregando e o prof estava na reunião. Eu disse, esse é meu irmão, somos da mesma aldeia.

Ele estava tão animado que disse que eu deveria dormir com ele naquela noite. Então eu o segui. Prof disse, olha, devo contar como o Senhor salvou minha vida.

Eu disse, o que aconteceu? Prof estava na Igreja Celestial. Você consegue imaginar um professor? Após o abandono da Primária 6. Vestindo guerrilha, guerrilha.

Eles não usam sapatos. Você não viu do que estou falando. Então eles foram para Israel.

Eles foram para Israel. Eles foram a Jerusalém para uma peregrinação sagrada com o líder. E você sabe que eles nunca devem usar sapatos.

Naquela região quente. Naquela região quente. Sol muito quente. Exceto que o próprio Prof esteja aqui, eu teria pedido a ele que demonstrasse o que aconteceu.

Você vê, a cabeça dele quando eles estavam se movendo. A coisa estava quente e mordendo-os. Então você não pode realmente descansar o pé e ter uma virilha firme.

Então foi assim que eles se mudaram. Ele estava provando algo por muitos anos. Até que um dia um mensageiro da palavra de Deus veio e pregou.

Ele disse que enquanto o homem estava pregando, ele estava agindo com coisas como se também falássemos em línguas. Nós também vemos visão. Nós também fazemos isso, fazemos aquilo.

Disse o homem que perguntou a ele, desde que você teve a visão, sua vida mudou? Ele não conseguia responder a essa pergunta. Graças a Deus. Ele nasceu de novo cheio do Espírito Santo hoje.

DO IRMÃO GBILE AKANNI COM LINKS DE ÁUDIO : O PRIVILÉGIO DE ESTAR NO MINISTÉRIO PORTUGUESE

Aleluia. Agora estou te perguntando, o que você está provando? Que ponto você está provando nessa hora de ceia da sua vida? E sobre este assunto que estou falando com vocês esta noite, Baba disse para vocês escreverem. Escreva.

Você não deve deixar isso escapar do seu coração. Escreva. E o outro diz que me casei com uma esposa.

Não sei quão correto é esse inglês. Eu me casei com uma esposa. Qual deveria ter sido o inglês certo? Eu casei ou casei com uma mulher.

Eu me casei com uma esposa. Com licença. Quem é uma esposa? Quem é uma esposa? Alguém que se casou.

Então este homem disse que me casei com uma mulher casada. Isso foi o que ele disse. Você viu? Eu casei com uma mulher casada.

Me desculpe. É por isso que você quer que nós o desculpemos? É por isso que você quer que Deus o desculpe? Que você viu uma esposa, a esposa do Sr. Alguém em algum lugar e é com quem você vai se casar. Múmias de açúcar.

Eh? Os Yorubás têm um nome para eles. Você sabe o nome deles? Omatanu. Eles terminaram tudo, mas estão pintando por toda parte.

Você vê? Você vê uma avó ainda branqueando. É com esse que você quer se casar. E você diz que lhe daremos licença.

Então eu disse: olhem, a razão pela qual não posso me juntar a vocês é porque quando chegarmos agora vocês dirão que não me casarei com a esposa. Se foi um casamento correto, diz a Bíblia, o que Deus uniu, ninguém separe. Assim você será salvo, você e sua família.

Se fosse um casamento correto. O casamento nunca deve afastar nenhum homem da ceia das bodas. A esposa que você tem não pode afastá-lo do Reino de Deus, exceto se você se casar com uma esposa.

O que quer que você esteja fazendo, se casando com uma mulher casada enquanto o marido dela ainda está vivo, eu não sei. O que você quer tirar disso? E eu digo, jovem, casei-me com um homem casado. Eu me casei com um marido.

Eh? O que você está fazendo com seu marido? O que você quer fazer então? Você é jovem. O que você está provando? E você está dizendo que por esse motivo você será dispensado. Deus normalmente chama o homem, cada coisa boa que vai acontecer com você, Ele vem através do envio de um servo.

Você está entendendo isso? Para que você seja curado, para que você seja salvo, para que você seja santificado, para que você seja liberto, para que coisas boas comecem a acontecer com você, Deus deve enviar-lhe uma mensagem através de um servo. É um privilégio estarmos aqui esta noite. Você está passando por outro servo que Deus está enviando para você.

O que você vai fazer com isso? O que você vai fazer com isso? Alguém fez uma proposta. Alguém fez uma proposta. E foi rejeitado no Céu.

Essa proposta parecia maravilhosa. Talvez você também esteja fazendo essa proposta, mas deixe-me mostrar-lhe a inutilidade dessa proposta. Você se lembra que a Bíblia nos contou sobre o homem rico e o Lázaro? Você se lembra do homem rico e do Lázaro? Agora o rico estava aqui na terra, ele fez tudo, fez tudo, fez tudo.

Ele morreu. A Bíblia diz que imediatamente ele foi para o Inferno. E a Bíblia diz que quando ele foi para o Inferno, quando ele chegou ao Inferno, seus olhos se abriram.

Ele ergueu os olhos, estando em tormento. O que quer que esteja fechando os olhos das pessoas agora, quando elas morrerem, seus olhos se abrirão. Eles vão ver.

Tem menininhas, pequeninas, dizem, não case, não case, não case. Ele diz, não, não, não, não, vou casar com ele, eu o amo, ele me ama. Você sabia que no segundo dia seus olhos simplesmente se abrirão? E você descobre que nem é o primeiro.

Você nem é o segundo. Você é apenas um gadget em casa. Mas se fosse apenas um casamento normal, eu não me preocuparia.

Porque pelo menos você vai passar por isso. Mas o Inferno é irrecuperável. Inferno não é motivo para brincar.

E para não contar para Deus, você entende? Para você recontar o que estou dizendo esta noite, sabe o que está me dizendo? Vá e diga a Ele quem o enviou. Se você tiver muitas fugas, esperarei, esperarei para receber sua resposta. Eu vou esperar.

Eu vou esperar. Tudo o que você me disser para contar a Ele, eu irei entregá-lo. Mas se você responder, será maravilhoso.

Agora, este homem foi para o Inferno. No versículo 24 do capítulo 16 de Lucas, a Bíblia diz: No inferno, ele levantou os olhos, sendo atormentado, e disse: Abraão, um faraó, e Lázaro no seu seio. E ele chorou e disse: Pai Abraão, tem misericórdia de mim.

DO IRMÃO GBILE AKANNI COM LINKS DE ÁUDIO : O PRIVILÉGIO DE ESTAR NO MINISTÉRIO PORTUGUESE

Envie Lázaro, para que ele faça o quê? Ele pode mergulhar a ponta do dedo na água e esfriar minha língua. Pois estou atormentado nesta chama. Você disse novamente sua própria ciência? Você disse ciência? O que ele disse que Lázaro faria? Agora, esqueçamos que Lázaro não é um homem higiênico.

Huh? Vamos supor que não há problema. Então, todas as regras de higiene, toda a bacteriologia que ele aprendeu, ele tem, não fez de jeito nenhum e eu digo, deixa ele molhar o dedo. Eu sei que se alguém quiser lhe dar um copo d'água para beber e de repente seu dedo tocar nele, o que você espera? Você vai beber? Não não não não.

Basta jogar fora e lavar o copo. Mas este homem acredita que é Lázaro com um dedo profundo. Deixa eu te perguntar, para mergulhar o dedo na água, vamos imaginar que não tem problema.

Quanta água ele pode carregar? Huh? Uma gota. Agora espere. Agora espere.

Vamos imaginar que mesmo aquela gota que estamos falando, estamos assumindo, estamos fazendo uma teoria agora. Você sabe, sempre que estamos desenvolvendo teoria na ciência, tentamos lidar com todas as outras variáveis, veja, todas as outras variáveis permanecem constantes. Então, vamos dar uma olhada em todas as variáveis que são constantes.

A mão não vai tremer. Acordado? Porque se os dedos tremerem mais, o que acontecerá? Ele vai cair. Esse é o número um.

Então, vamos supor que a força da gravidade não funcionará. Porque você sabe, o que faz uma gota d'água ficar na ponta dos dedos é uma teoria da viscosidade. Você entende isso agora? É porque a água aparece como uma esfera e há uma força de coesão que a une ao centro.

Então é por isso que parece uma bola que não quer cair. Mas assim que você levanta ou abaixa assim, você muda a forma de uma esfera. Torna-se uma elipse e então a força da gravidade a derruba.

É por isso que é uma queda. Então, vamos supor que isso não acontecerá. Então você diz que Abraão ainda está longe.

Então vamos imaginar, você sabe, se fosse assim, teria sido fácil. Mas então ele faria isso e o carregaria por cima de um grande muro e a coisa não cairia. Vamos supor que isso também permaneça constante.

E então ele disse, nesta chama que não haverá evaporação. Você viu tudo o que ele acreditava agora? Pessoas que não acreditarão no evangelho neste mundo acreditarão em teorias estúpidas quando envelhecerem. Não acredito que você seja tão inteligente a ponto de não acreditar em nada.

Você acreditará em algo tolo. Aqueles que se recusaram a reconhecê-lo como Deus, ele os entregou a uma mente reprovada. E agora eles adoram, agora se submetem a algo que é menor que Deus.

Era nisso que esse homem estava acreditando. Mas mesmo isso, veja o que lhe responderam. O que eles disseram? Lembre-se de que você durante sua vida recebeu as coisas boas e, da mesma forma, Lázaro desde então, mas agora ele está consolado e você está atormentado.

Além de tudo isso, entre nós e você, existe um grande Deus. De modo que aqueles que passarão daqui para vocês não podem passar para nós que virão de lá. Então é dito: Rogo-te, portanto, Pai.

Ele está orando agora. As pessoas vão orar no inferno, você sabe. Haverá muitas orações no inferno.

Orações sérias. Intercessões sérias. Mas serão dois nomes.

Estou implorando a você pela mensagem de Deus. Você sabe, eu lhe disse que esta mensagem é uma mensagem silenciosa. Quero que sejamos pequenos, pequenos, pequenos, pequenos, para que você não diga que não sabe o que escrever.

Há algo para escrever em seu coração esta noite. A Bíblia disse, o homem agora disse: Rogo-te, Deus Pai, que não o mande para a casa de meu pai. Ouça, ouça irmão.

Pessoas que perderam isso, foram para o inferno agora. Se ao menos fosse possível que Deus ajudasse você aqui, eles estão chorando. Você sabe o que eles estão dizendo? Eles estão dizendo, com licença, com licença, com licença, com licença.

Eu tenho cinco irmãos. Eu tenho cinco irmãos. Wally é meu irmão mais novo imediato.

Wally, Wally, Wally, ele trabalha agora no Ministério das Obras. É subdiretor do Ministério das Obras. Eles chutam.

Sim, chute, seguiu Wally. Ela leu direito. Ela está localizada em algum lugar em Yaba, Lagos.

Ela é uma praticante de sucesso. Ela está na prática jurídica. Mas eles não sabiam que eu estava enganado.

DO IRMÃO GBILE AKANNI COM LINKS DE ÁUDIO : O PRIVILÉGIO DE ESTAR NO MINISTÉRIO PORTUGUESE

Padre Abraão! Padre Abraão! Por favor, gostaria de patrocinar um missionário. Ouça, se você conhece amigos, colegas, pais, esposas, que foram para o inferno, se você ouvir o que eles estão pedindo que façam com aqueles de nós que ainda não fizeram a transição, você não será complacente assim. Eles sabiam que foram para a terra sem retorno.

Qualquer egoísmo neles morreu agora. Eles não querem que você vá lá. O inferno não é um lugar onde você gostaria que seu inimigo fosse depois de experimentá-lo.

Padre Abraão! Eu tenho cinco irmãos! Por favor! Mande Lázaro para a casa de meu pai. Para fazer o que? Para fazer o que? Pois tenho cinco irmãos para que ele possa testificar-lhes. Então veja, mesmo no inferno, eles sabem que a única maneira de serem salvos é por alguém que faça o quê? Testemunhar.

Um servo tem que pregar. Alguém tem que lhe dizer o que fazer. Este homem a quem eu pedia, deixe-o ir à casa de meu pai para que possa testemunhar a eles.

Deixe-os também entrar neste lugar de tormento. Aquela amiga com quem você começou a viver em pecado, que na hora do aborto ela morreu. Ela está no inferno agora.

E ela está chorando pelo seu nome. Ela diz, hmm, Chingere! Chingeré! Chingere foi meu colega nisso. Eu não sabia.

Eu não sabia. Padre Abraão! Padre Abraão! Mande alguém para Chingere! Chingeré! Vou te dar um endereço e um número de telefone. Envie alguém! Envie Lázaro para que ele possa testemunhar a eles.

Chingeré! Ele está lá. E sabe o que está me incomodando? Você pode imaginar como aquele homem estava se comportando no inferno? Cada vez que seu irmão mais novo, Wally, está dirigindo o carro e ele foge e pergunta: ei, ei, ei! Padre Abraão! Padre Abraão! Ele quase gozou agora. E com licença, ninguém falou comigo.

Ninguém foi me mostrar que estou em uma situação ruim. Veja a resposta que eles deram a ele. Abraão disse-lhe: eles têm Moisés e os profetas.

Deixe-os ouvi-los. Você não está entendendo. Inferno, eles estão implorando que enviem outros pregadores.

Mas o céu diz que o irmão Billy está morto ali. O pastor Charles ainda está no comando. O Sr. Kulé ainda está no mesmo escritório.

Ele conhece as coisas. Kulé contará a ele. Deixe-os ouvir Kulé.

GBILE AKANNI AND AMBASSADOR MONDAY O. OGBE

Estas são as duas questões pelas quais devo orar com você. Você esta me seguindo? Se você está aqui e tem rejeitado servos, se você não ouve esses que Deus está enviando para você, não há outro. Mas suponhamos que você esteja sentado aqui diante de mim esta noite e eles tenham mencionado seu nome.

Como as pessoas que foram até ela estavam chorando, disseram, é por isso que colocamos a Irmã Uche no mesmo escritório que ela para que ela converse com Chihiro. Eles disseram, o quê? Então, uma dessas pessoas morreu e foi para o inferno novamente. E então aquela garota conheceu Chihiro e disse: ei, você não entendeu a mensagem? Quer dizer que você não recebeu a mensagem? Os empresários do Evangelho Pleno que te convidaram, você não foi? Ele disse, não, eu não fui.

Uche está passando por aqui. Quer dizer que você não conheceu Uche? Ele disse, eu a conheci. Mas, sempre que nos encontrávamos, ela discutia política.

Na verdade, antes do acidente que me trouxe aqui, estávamos discutindo sobre o governo Apache. Foi isso que discutimos, discutimos, discutimos, discutimos. E eu disse a ela que amanhã continuaremos.

Eu não sabia que não voltaria para lá. Desculpe. Desculpe.

Eu não queria estar aqui. Eu cometi um erro. Ao recusar a mensagem da palavra de Deus, cometi um erro.

Então, você está aqui afinal. E eles disseram: Uche, mandamos você até Chihiro para dar uma mensagem a ela. Você está falando de política.

Você está discutindo Naira. Um dólar agora equivale a 85 Naira. Como isso ajuda uma alma que está à beira do inferno? Não! Para sempre! Mas se alguém fosse dentre os mortos, eles retornariam! Eles disseram: se não ouvem a Moisés e aos profetas, também não acreditarão, ainda que alguém ressuscite dentre os mortos.

Quero te perguntar, não sei se você está esperando alguém morrer e vir. Você sabe, alguns de nós gostamos de histórias. Histórias.

Alguém logo morrerá novamente. E depois de cinco dias, seis dias, ele ressuscitará dos mortos. E eles dizem, eu tenho uma mensagem.

Eu tenho um testemunho. Eu vi o céu. Eu vi o inferno.

É por isso que Deus diz para vir e orar a você. Você fará assim. Então você os viu.

DO IRMÃO GBILE AKANNI COM LINKS DE ÁUDIO : O PRIVILÉGIO DE ESTAR NO MINISTÉRIO PORTUGUESE

Você viu meu irmão? Você o viu? Afinal, disse ele, para que este ministério continue, é preciso dar algo de fato. Porque esta mensagem, acabei de receber do céu. E é para você.

Eles disseram que eu deveria ir contar a você. E o homem se tornará milionário daqui a um ano. Porque você não ouvirá uma mensagem simples.

Você gosta de coisas sofisticadas. Você gosta de ouvir coisas. Eles não ouvem Moisés e os profetas.

Mesmo que alguém tenha morrido e ressuscitou dos mortos, você o conhecerá. Estamos parando aqui. E nós estaremos orando.

Gostaria que você se levantasse enquanto oramos juntos. Eu gostaria que você ficasse de pé onde quer que estivesse. Irmão, Deus me enviou para você novamente.

Irmão, jovem, espere. Dê-me uma resposta que levarei para o céu. Não vá, a menos que você me mande de volta.

O que direi àquele que me enviou a você? Vamos orar juntos. Você está dizendo que tem suas habilidades? Você está dizendo onde comprei um terreno? Uma base de justiça própria? Um terreno de negócios? Uma base de dinheiro? A base de um novo contrato? Um terreno de política? A base para uma nova nomeação? Ou você acabou de ganhar na loteria de vistos dos EUA e é um novo motivo para você recusar o evangelho? Que terreno você comprou? Ou você acabou de receber alguns novos termos que lhe disseram que nunca falharão? Qualquer um que estiver contra você simplesmente gaguejará. Você está dizendo, tenha minhas habilidades, deixe-me tentar.

Estamos orando. O que você quer que eu diga àquele que me enviou para você esta noite? Com licença. O que você quer que eu diga a Deus? Ele me mandou uma mensagem para te dar.

Não há outra maneira de chegar ao submarino mais poderoso da terra, exceto responder a esta mensagem. Deus já enviou tantos outros irmãos para você antes, mas você diz que não entendeu. Espero que você tenha entendido esta noite.

Qual é a sua resposta? Estamos orando, estamos orando. E o Senhor disse, escreva isso porque um dia desses, na eternidade, essa mensagem surgirá novamente. Na eternidade, eles lhe perguntarão novamente.

Você não estava na reunião? Você não ouviu o que eles disseram? Bem, fale com o Senhor, fale com o Senhor. O que você quer que eu diga a Deus em seu nome esta noite? Que mensagem você está enviando para o céu? E você vê, Baba já está aqui. Ele quer ouvir você.

Ele quer ouvir o que você está dizendo. Você abrirá seu coração e dirá: Senhor, eu quero ir. Esta é a hora do jantar, devo fazer parte dela.

Esta é a hora do jantar, devo fazer parte dela. Não devo perder o meu lugar naquela mesa. Já que você me considerou digno de ouvir esta mensagem novamente esta noite, Senhor, não vou me desculpar.

Eu devo fazer parte disso. Eu devo fazer parte disso. Estamos rezando, estamos rezando, estamos rezando.

Em breve terminaremos. Já estamos aqui há algum tempo, mas queremos enviar uma resposta ao céu. O que você quer que Deus ouça você dizer hoje? Você vai dizer: Eis que venho.

Ou você está dizendo: Desculpe-me. Eu não vim. Eu me casei com uma esposa.

Eu me casei com um marido. Qual é aquela esposa com quem você se casou? Você se casou com um emprego? Você se casou com um emprego? Você se casou com uma casa? Com o que você se casou? Que você está dizendo: Deus, você está dispensado de Sua bênção? Você se desculpou do Seu poder? Você se desculpou de Sua salvação? Meu irmão, o que você comprou? Em que novo terreno você está pisando? No chão onde nasce Seu Filho.

O PRIVILÉGIO DE ESTAR NO MINISTÉRIO

Abaixo da mensagem do Podcast Audio:
https://podcasters.spotify.com/pod/show/otakada/episodes/Brother-Gbile-Akanni-Messages—The-Privilege-of-being-in-Ministry-e2knmf1[1]

Nosso tema para o clérigo este ano é A Vida Crucificada, Pregando-O Crucificado.

A Vida Crucificada, Pregando Cristo e Ele Crucificado. Gostaria que vocês abrissem suas Bíblias no livro de 1 Coríntios 1. 1 Coríntios 1, do versículo 17 ao versículo 31. Pois Cristo não me enviou para batizar, mas para pregar o evangelho, não com sabedoria de palavras, para que a cruz de Cristo deveria ser anulada.

Pois a pregação da cruz é loucura para os que perecem, mas para nós, que somos salvos, é o poder de Deus. Pois está escrito: Destruirei a sabedoria dos sábios e reduzirei a nada o entendimento dos prudentes. Onde está o sábio? Onde está o escriba? Onde está o disputador deste mundo? Deus não tornou louca a sabedoria deste mundo? Pois depois disso, na sabedoria de Deus, o mundo pela sabedoria não conheceu a Deus.

Ele agradou a Deus pela tolice da pregação para salvar os que crêem. Pois os judeus exigem um sinal, e os gregos buscam sabedoria. Mas nós pregamos Cristo crucificado aos judeus como pedra de tropeço, e aos gregos loucura.

Mas para os que são chamados, tanto judeus como gregos, Cristo, o poder de Deus e a sabedoria de Deus. Porque a loucura de Deus é mais sábia que os homens, e a fraqueza de Deus é mais forte que os homens. Pois vocês veem o seu chamado, irmãos, como não são chamados muitos homens sábios segundo a carne, nem muitos poderosos, nem muitos nobres.

Mas Deus escolheu as coisas loucas do mundo para confundir as sábias. E Deus escolheu as coisas fracas do mundo para confundir as coisas que são poderosas. E estas coisas do mundo, e as coisas que são desprezadas, Deus escolheu, sim, e as coisas que não são, para reduzir a nada as que são.

---

1. https://podcasters.spotify.com/pod/show/otakada/episodes/Brother-Gbile-Akanni-Messages--The-Privilege-of-being-in-Ministry-e2knmf1

GBILE AKANNI AND AMBASSADOR MONDAY O. OGBE

Que nenhuma carne se glorie em sua presença. Mas vós sois dele, em Cristo Jesus, o qual para nós foi feito por Deus sabedoria, e justiça, e santificação, e redenção. Que conforme está escrito, sejam gloriosos, gloriando-se no Senhor.

Agora, a vida crucificada, pregando Cristo, e ele crucificado. Eu só quero que você veja o que a palavra de Deus está nos pedindo para ver. E enquanto leio a palavra de Deus, vejo Deus querendo que vejamos algo.

Deus quer que reconsideremos como Deus nos trouxe para o ministério. Para reconsiderar de onde Deus escolheu você. E reconsiderar o privilégio e a glória que Deus estendeu a mim e a você por nos colocar no trabalho do ministério.

A história de Eli e seus cânticos veio com muita força à minha mente enquanto eu contemplava o privilégio de estar no ministério. E o privilégio de pregar a Cristo, e pregar a Cristo e este crucificado. O privilégio de ser guardião da palavra da vida.

O privilégio de ser aquele que Deus permitiu lidar com os oráculos. O privilégio, quando Eli e seus filhos estavam no ministério. E Eli era o sumo sacerdote, e seus dois filhos Ofélia e Finéias.

Eles apoiavam o pai, eram os ministros oficiantes. E várias coisas estavam dando errado, e a palavra da lei tornou-se escassa. Porque Deus não visita mais o altar.

Porque os homens que estão no altar romperam seu relacionamento com Deus. Eles não estão mais honrando o chamado, a aliança e sua ordenação. Eles consideram o privilégio de estar no ministério como garantido.

Observei que quando as pessoas iam ao altar, tratavam o altar com desprezo. Eles trataram o chamado de Deus em suas vidas como se isso não significasse nada. Quando as pessoas traziam ofertas, esqueciam que esta oferta é a oferta do Senhor.

Que eles estavam apenas recebendo o privilégio de administrar ou oficiar. Eles se esqueceram disso, mesmo quando o povo trouxe sua oferta ao altar. E o sangue do cordeiro ou o que quer que tenha sido aspergido sobre o altar.

E tudo o que Deus havia ordenado. Deus disse: Eu dei a minha oferta aos filhos de Arão, o sacerdote. Eles esqueceram que foi a oferta de Deus que ele lhes deu.

DO IRMÃO GBILE AKANNI COM LINKS DE ÁUDIO : O PRIVILÉGIO DE ESTAR NO MINISTÉRIO PORTUGUESE

E inconscientemente, começaram a tratar a obra do Senhor como se fosse comum. Eles começaram a encarar a obra de Deus como se fosse casual. Quando o povo trouxe a oferta, em vez de oferecê-la primeiro ao Senhor.

Eles vieram com seus ganchos de carne. Eles procuram o melhor da carne. Eles estavam dizendo, dê primeiro ao sacerdote, senão não vamos oficializar a sua oferta.

E as pessoas estariam implorando, digam por favor agora, não estou dizendo que vocês não aceitarão. Mas vamos primeiro oferecê-lo ao Senhor. Diga, você vai nos ensinar como ministrar? Essas coisas que eles estavam fazendo tornavam o ministério desagradável.

Na medida em que as pessoas não vêm mais ao altar. Na medida em que mesmo aqueles que estão vindo, já não vinham com nenhuma expectativa. E com o tempo esses meninos se tornaram muito mais imprudentes.

Até mulheres que vieram ao altar para orar. Esses homens não temem mais a Deus. Eles dormirão com as mulheres no altar.

Então, quando Deus se levantou e disse: Eli, estou avisando você. Farei uma coisa em seus dias. Que os ouvidos de quem ouve farão o quê? Vai tilintar.

Em um dia, cancelarei seu sacerdócio. Em um dia, tirarei tudo que diz respeito a você. E não haverá mais ninguém no seu clã.

E se sobrasse alguém, ele estaria apenas implorando e dizendo, por favor, coloque-me na lista. Então eu posso pelo menos ministrar, posso ganhar alguma coisa para comer. Diga, mas eu não vou dar a ele.

O privilégio de servir a Deus. Então, esta noite, só quero argumentar com você enquanto lhe dou as boas-vindas. Para pedir que você olhe de onde Deus o trouxe.

E a oportunidade de estar na obra de Deus. Para lidar com isso com correção e com coração correto. E a passagem que li poderia nos dar uma visão geral.

Mas meu desejo esta noite não é nem entrar em tudo isso. Eu só quero ver o privilégio. O glorioso privilégio de ser homem, mulher no púlpito.

O privilégio de poder manusear a palavra de Deus. Paul disse, e eu queria olhar para Paul, ele falou alguma coisa. Vou revelar isso rapidamente e então estaremos orando juntos esta noite.

GBILE AKANNI AND AMBASSADOR MONDAY O. OGBE

Ele disse que, pela pregação da cruz, para os que perecem é loucura. Mas para nós que somos salvos, é o poder de Deus. Para as pessoas que estão perecendo, elas pensam que somos tolos.

Lembro-me de quando anunciei, disse à minha mãe que agora estou pronto para deixar tudo o que estava fazendo. Que Deus está me chamando. Ah! Ela chorou.

Ela chorou. Ela disse: Thor, isso significa que tudo vai se espalhar. Isso significa que você vai implorar agora.

Ela começou a dizer: Thor, eu simplesmente diria a todos os seus irmãos para virem carregar seus filhos. Como agora você vai viver da caridade, ela não conheceu a glória de ser chamada para servir a Deus. Na verdade, ela achava que servir ao governo, o que eu estava fazendo, era mais glorioso do que entrar no serviço do Deus Todo-Poderoso.

Quando minha esposa também se preparou para deixar seu consultório médico para servir a Deus em tempo integral. Para que possamos enfrentar o chamado de Deus em nossas vidas. E eu viajei com ela para o nosso sogro lá, meu pai lá.

E enquanto estávamos sentados lá com o tio dela, que era o único tio sobrevivente naquela época. E nós dissemos, temos orado. Como você sabe, temos pregado para cima e para baixo.

Deus está dizendo que devemos encarar isso seriamente. E que Sade também vai pedir demissão e entrar nessa coisa. O Baba apenas se levantou.

Ele colocou as duas mãos na cabeça. E Sade começou a chorar. Ele disse, Kai, aqueles que o estão perseguindo, finalmente o pegaram.

Ele disse, por que essas pessoas não o deixam em paz? Que tipo de problema é esse? Eles confundiram você. Esta é uma feitiçaria séria que se abateu sobre vocês agora. Como você pode fazer isso? Quer dizer que você não vai implorar? Oh meu Deus, o jeito que ele estava chorando.

Eu e minha esposa não sabemos o que fazer. Nós apenas ficamos lá. Ele veio e me sacudiu, me sacudiu e disse, você não vê? Sade, eles tiraram sua cabeça? Quando deixamos que ele parasse de chorar, dissemos: bom, mas você também é um homem de Deus.

Baba era um reverendo coronel da Comunhão Anglicana. Mas para ele, para eles, não há problema. Desde que era diretor aposentado, antes de se tornar o que é agora.

DO IRMÃO GBILE AKANNI COM LINKS DE ÁUDIO : O PRIVILÉGIO DE ESTAR NO MINISTÉRIO PORTUGUESE

Mas para este, jovem como você é, não! Não faça isso! Por que isso aconteceu? Eles nunca viram a glória de serem chamados para levar a palavra da vida. Sempre pensei que o púlpito e o ministério são para os desistentes. Ou para aqueles que estão cansados.

Ou aqueles que não conseguiram sobreviver no mundo. Parece que isso é tudo o que está disponível para quem não consegue ir longe na vida. Portanto, o ministério era considerado um castigo ou uma coisa infeliz que acontecia com pessoas infelizes.

Mas não é isso que me preocupa esta noite. Não é o que os outros pensam sobre o trabalho do ministério. Mas quero você sentado aqui esta noite, a quem Deus deu o privilégio de estar envolvido na obra de Deus.

Quero que você veja para onde Deus o chamou. Assim, ao estabelecermos este clérigo este ano, duas coisas que estamos implorando a Deus que faça. É que a realidade do nosso chamado e o foco do nosso chamado e a mensagem do nosso chamado chegarão até nós de forma tão nítida e clara.

Que quando sairmos daqui, estaremos entusiasmados. Vamos encorajados, reanimados para fazer proezas em nome de Jesus Cristo. Olhe para a palavra de Deus e quero que você a siga muito rapidamente.

Pois está escrito que Deus disse: Destruirei a sabedoria dos sábios e reduzirei a nada o entendimento dos prudentes. Onde está o sábio? Onde está o escriba? Onde está o disputador deste mundo? Deus não tornou louca a sabedoria deste mundo? Pois depois disso, na sabedoria de Deus, o mundo pela sabedoria não conheceu a Deus. Aprouve a Deus que, pela loucura da pregação, salvasse os que crêem.

Ouça, as pessoas vão pensar que tolice, pregar é tolice e isso é para as pessoas que são tolas. Mas a Bíblia diz que agradou a Deus que, pela loucura da pregação, o que acontecerá? Deus demonstrará seu poder salvador para aqueles que crêem. Para os judeus, eles exigem um sinal.

E eles estão subindo e descendo, nos mostre um sinal para acreditarmos que você está certo. E os gregos, por serem muito cultos, pedem sabedoria filosófica. Mas nós, o que fazemos? Pregamos Cristo crucificado.

Para os judeus, uma pedra de tropeço. Para os gregos, tolice. Mas para os que são chamados, sejam judeus ou gregos, Cristo.

GBILE AKANNI AND AMBASSADOR MONDAY O. OGBE

O que? O poder de Deus. Cristo, a sabedoria de Deus. Porque a loucura de Deus é mais sábia que os homens e a fraqueza de Deus é mais forte que os homens.

Agora chego ao que estou ouvindo Deus dizendo. E foi aí que pensei que deveria trazer a nossa carga aqui esta noite. Veja versículo 26, versículo 27, versículo 28 e versículo 29.

Você pode me seguir lá e vamos resolver os problemas rapidamente. Pois você vê seu chamado, irmãos. Como é que não são chamados muitos homens sábios segundo a carne, nem muitos poderosos e nem muitos nobres.

Veja, se você olhasse, posso perguntar de onde você veio? Quem é você? Qual é o seu pedigree? Você notará que para muitos de nós, a misericórdia de Deus nos expulsou do barro de Maria. A misericórdia de Deus que nos alcançou, nós que não éramos ninguém. Quando olho para onde Deus foi e me escolheu.

Toda hora eu voltava para casa e ia para onde nasci, onde fui escolhido. Eu apenas, eu apenas digo Deus. Então é isso que Deus.

Foi aqui que ele foi escolher um homem como eu. E sempre pergunto: Senhor, por que você se concentrou em mim? Às vezes, quando vou pregar de um lugar para outro, encontro pessoas diferentes, aperto a mão de outras pessoas. Ele fez uma redação.

Se não o evangelho. Se não o evangelho. Se não for a palavra de Deus.

Algum dia conhecerei pessoas? Sei com certeza, sem dúvida, que terei morrido na minha aldeia. Eu sei isso. Não terei sequer conseguido viajar 50 quilómetros fora da minha aldeia.

Eu sei isso. Não herdei nada do meu pai. Não havia nada para herdar.

Quando Baba morreu e eles estavam distribuindo suas propriedades. Você sabe o que eles compartilharam comigo? Um par de sapatos. Isso foi superdimensionado.

Isso é tudo que recebi do meu pai. Nada. Nada.

E estou perguntando, se não for o evangelho. Onde eu estive? Se não for a palavra de Deus. Quem terei sido? Eu não terei me tornado nada além de uma mera não-entidade da qual ninguém jamais ouviria falar.

Há duas semanas, recebi um telefonema de meus colegas da escola primária. Ele disse, seu amigo, nosso colega de classe, com quem estudamos na escola primária, esse homem era muito brilhante. Sempre lutei com ele.

DO IRMÃO GBILE AKANNI COM LINKS DE ÁUDIO : O PRIVILÉGIO DE ESTAR NO MINISTÉRIO PORTUGUESE

Ele sempre estava em primeiro lugar. Se eu vencê-lo uma vez, ele vai acordar e nas próximas duas vezes vai me empurrar para a segunda posição. Ele me ligou outro dia e disse: ele morreu.

Mas você vê, o que me tocou, eu disse, oh Deus. Ele lutou e lutou e lutou e lutou e morreu. Ele morreu na aldeia.

Eu estava perguntando ao meu amigo, quando vamos enterrá-lo? Eles o enterraram naquele mesmo dia. Por que? Não havia nada. Não havia razão para mantê-lo.

Não havia nada. Ninguém estava lá para enterrá-lo. Ele disse, vamos embalá-lo.

E eu disse, esse é meu próprio colega de classe. Compartilhamos uma mesa juntos do primeiro ao sexto ano. Muito brilhante.

Ele se tornou nada. Mas lembro-me que há alguns anos, quando fui para a nossa cidade natal, o evangelho me trouxe de volta para casa. Fiquei surpreso ao ver que o evangelho pode trazer um homem que não era nada, pode trazê-lo para a plataforma, o evangelho.

Estou confiando em Deus que você não sairá daqui sem prestar atenção ao chamado de Deus em sua vida. Oro para que este chamado de Deus seja tão sério para você que você pregue Cristo com todas as suas forças. Que você pregará Cristo com um sentimento de gratidão.

Que você pregará Cristo com a compreensão de que isso é apenas um privilégio. Sem Cristo, o que eu poderia ter sido? E quando cheguei à reunião, você sabe, a reunião era muito grande. Havia vários milhares de pessoas.

E eu estava sendo trazido. E eu vi pessoas, eu vi, uma das duas pessoas que vi naquele dia que me fez chorar. Vi minha professora primária lutando para entrar na reunião.

Ha! A equipe da OSHA disse não, não, não, não. Baba, não há espaço. Baba, não há espaço.

Ha! Ha! Eu me senti mal. Eu disse, esse é o homem. Esse é o homem que me ensinou do terceiro ao sexto ano.

Este é o homem que me ensinou aritmética. E veja como eles o estão pressionando. Porque eles acham que um grande homem de Deus veio à cidade.

Eu disse, se eles soubessem que não sou um grande homem. Sou apenas um garoto da aldeia que Deus teve misericórdia de permitir tocar o evangelho. Então rapidamente sinalizei para alguns funcionários da OSHA.

GBILE AKANNI AND AMBASSADOR MONDAY O. OGBE

Eu disse, esse é meu pai, esse é meu pai. Ha! Ha! Ha! Esse é o pai de Bragbile. Eles pensaram que era meu pai biológico.

Eles rapidamente correram e disseram, ah, desculpe, senhor, disse Bragbile, você é o pai dele. Nós o apresentaremos. Então eles vieram e lhe deram assentos especiais.

Foi quando eu relaxei. E então eu o vi pessoalmente. Ele estava sorrindo.

Eu disse, esse é meu garoto, esse é meu garoto. Meu garoto. Então eu lembro que quando terminei a mensagem, milhares de pessoas, você sabe como elas estavam dizendo, ah, queremos tocar o homem de Deus.

Queremos que ele ore por nós. Eu também estava correndo. Para que meu mestre não desapareça antes de eu cumprimentá-lo.

Então eu fui e caí diante dele. E comecei a chorar. E ele mesmo começou a chorar.

Ele disse: Bile, então é isso que você se tornará. Então é isso que você se tornará. Quando soube que Bile Akane estava chegando, eu disse, aquele não é meu garoto da escola primária? Só vim com curiosidade para ver se é você.

Quando vi que você era o único, eu disse, então esse é aquele garoto, aquele garotinho, então é isso que você pode se tornar. Na minha vida. Na minha vida. Na minha vida. Então naquele dia eu contei para ele, falei, como você veio? Ele disse: eu vim, tentei. Ah, isso me incomodou.

Então eu disse, ok, vou te levar para casa. Coloquei no meu carro e depois voltamos para casa. Ele estava dizendo, sim.

Sério, eu sei. Eu sei que você vai se tornar algo. Mas eu não sabia que isso é o que você iria se tornar.

Aí meu outro colega, aquele que eu estava te contando que tinha acabado de falecer, eu também o vi na reunião. Eu vim, eu disse, chamei ele pelo nome. Então ele disse algo que me tocou.

Ele disse: Bile, onde você me deixou é onde estou. Tudo que tentei fazer não deu certo. Tentei ir para a escola, sem ajuda.

Comecei a vender drogas. Este é um vendedor de medicamentos patenteados. Tudo espalhado.

A esposa com quem casei estava me incomodando. Então me casei com outro. Como você vê, casei com duas esposas e as duas estão me incomodando.

Não sei o que fazer da minha vida. Ah! Eu olhei para ele. Esse é meu colega de classe.

DO IRMÃO GBILE AKANNI COM LINKS DE ÁUDIO : O PRIVILÉGIO DE ESTAR NO MINISTÉRIO PORTUGUESE

Mais brilhante que eu. Ele deveria ter sido professor. Mas ele morreu na aldeia.

Lembro-me de ter orado por ele, levando-o a Cristo. Ele disse, esteja orando por mim, esteja orando por mim. Também senti sua falta.

Também senti sua falta. Estou olhando para todos aqueles com quem dividimos os mesmos assentos. Quando o evangelho veio para me destacar e me tirar e me chamar das trevas para a luz sem mãe.

Mas não só isso, e ele agora, em sua misericórdia, me chamou para ser, para me colocar no evangelho. Não é um privilégio? A primeira vez que me vi entrando em uma encenação. As pessoas não sabem o que estava acontecendo comigo.

Nunca participei de uma dramatização antes. Mas o evangelho me colocou na encenação. Eles vieram e disseram, ouviram que eu poderia ir pregar em Serra Leoa.

E eles me trouxeram um ingresso. Eu não sabia por onde começar. Eles estavam dizendo, você vai aqui.

Você sabe que nunca entendi como o avião transportará todo mundo. Então eu sentei lá e disse: Billy? Billy Akane da aldeia na encenação. Ei! Não sei como expressar isso.

Homem da aldeia. Mas o evangelho. O Evangelho.

Deus te chamou e você está brincando com o seu chamado? Você está tratando o chamado de Deus como uma mera coisa? Você está brincando com a graça de Deus em sua vida? Você está no ministério como se fosse um castigo? Você acorda todos os dias apenas reclamando e invejando Deus? Ou você está levando sua vida como se ela não fosse nada, apenas para Deus colocá-lo para cuidar da obra de Deus? O Evangelho. Parece tolice para aqueles que estão perecendo. Mas para nós que acreditamos é o poder de Deus.

O Evangelho. Se eu pudesse descer e sacudir você, estaria apenas sacudindo você. Parabéns por Deus ter chamado você para estar no ministério.

Parabéns por você ser um daqueles que o céu reservou não para ser milionário, mas para ser um pregador. Aleluia. Quando ficou claro para mim que Ah! Que privilégio.

Que privilégio. Então eu soube que era melhor colocar todas as minhas forças, é melhor colocar tudo o que tenho para seguir esse chamado de Deus na minha vida porque é um privilégio. Quando ficou claro para mim que Ah! Deus me deu o que as pessoas consideravam tolice, a tolice da pregação, mas foi por meio dessa tolice da pregação que Deus ordenou que os homens fossem salvos.

Que os homens encontrarão ajuda. Que os homens encontrarão libertação. Que os homens encontrem o propósito de Deus para suas vidas.

Aí comecei a entender que Ah! Sou um homem privilegiado por Deus me colocar na obra de Deus. Esta noite, ao recebê-los, desejo recebê-los com uma profunda gratidão em meu coração por Deus tê-los separado para serem um daqueles que carregam esses grandes instrumentos para salvar almas. Foi então que não me preocupo mais com o fato de alguém ser advogado ou alguém ser juiz de um tribunal superior ou alguém ser banqueiro ou alguém ser engenheiro ou alguém ser alguma coisa.

Para mim isso já não me incomoda porque agora percebo que o juiz do tribunal superior é maravilhoso, é instruído e altamente respeitado, mas você sabe que ele só pode condenar e condenar criminosos. Ele não tem nenhum instrumento para salvá-los. Mas olhe para mim aqui, criminosos notórios, pecadores notórios que ninguém sabe como lidar.

Deus me dá a palavra de Deus Cristo e ele crucificado e vejo criminosos se ajoelhando e dizendo o que devo fazer para ser salvo? Vejo maridos que chegaram ao ponto de se divorciarem de suas esposas. Os juízes tentaram, trouxeram advogados, todo mundo tentou e eles estão prestes a dissolvê-lo, se é que o dissolveram, e ainda assim Deus me dará uma palavra, eu estaria apenas pregando esse evangelho que parece tolice e o homem está preso, eu digo, Noivo quando você coloca o dedo assim como se estivesse falando comigo você me conhecia antes? Eu digo, eu não te conheço, mas o evangelho conhece você, a palavra de Deus pode localizar qualquer pessoa em qualquer lugar e eu tenho visto pessoas que saem correndo assim e estão chorando, estão rolando no chão e a próxima coisa que eu quero renunciar com minha esposa procurando minha esposa agora e eles irão e trarão a esposa e eu vi casamentos restaurados o evangelho o evangelho

Eu vi o evangelho mudando os homens, mudando os homens, mudando situações desesperadoras e trazendo os homens, você conhece, para uma novidade. Eu vi o que o evangelho pode fazer e esta noite gostaria de perguntar se você viu o evangelho? você tem visto o chamado de Deus em sua vida? esposas, vocês viram onde Deus as trouxe? quando você se casou com esse homem a quem Deus chamou, você achou que foi uma infelicidade? você

DO IRMÃO GBILE AKANNI COM LINKS DE ÁUDIO : O PRIVILÉGIO DE ESTAR NO MINISTÉRIO PORTUGUESE

calmamente colocou pressão e disse: ei, isso que você fez, vamos planejar nosso futuro. Quero ir para Londres. Desejo que você entenda quem viaja mais do que um homem que carrega o evangelho? Eh? quem viaja mais do que um servo de Deus que leva o evangelho? a última vez que conheci minha esposa nós fomos nós fomos eles nos colocaram e estávamos viajando viajando viajando até chegarmos na Austrália eles disseram que isso é o fim do mundo quando pousamos eu disse minha esposa estamos na Austrália você sabe que parece engraçado eu disse, né? de onde você é? e Deus nos trouxe aqui o evangelho o evangelho o evangelho enquanto vejo vocês sentados diante do Senhor esta noite como homens e mulheres guardiões do evangelho o que vocês farão com ele? como você lidará com o evangelho? você estará no púlpito e pregando bobagens? você estará desperdiçando a oportunidade das pessoas? Paulo disse que Deus não me enviou para pregar com palavras eloquentes porque não quero anular a cruz Não quero desperdiçar a oportunidade de pregar Jesus e este crucificado porque esse é o poder de Deus para mudar os homens há duas semanas ou na semana passada estudantes e jovens estavam reunidos lá aos milhares e o evangelho e eu vi o evangelho lutando com vidas jovens eu vi o evangelho eu vi notórios atos de drogas aqueles que vieram deliberadamente que estavam roubando eu vi o evangelho os prendendo saindo em lágrimas trazendo o que eles estavam fumando, deixando cair e os irmãos que estão queimando o evangelho, então, quais oficiais inteligentes da CIA, policiais, o que eles não podem fazer o evangelho, vocês consideram o evangelho garantido? você trata levianamente o chamado de Deus em sua vida?

Como você veio durante esta semana, duas coisas estou implorando a Deus que faça que o Senhor aguce seu coração que o Espírito Santo lhe dê uma nova visão para que você pregue a Cristo e pregue-O com todas as suas forças que você mesmo tendo experimentado o vida crucificada você não terá mais nada a fazer do que pregar Aquele crucificado que é a esperança da humanidade que é a resposta para o problema de nossa geração ele agora diz porque a loucura de Deus é mais sábia que o homem e a fraqueza de Deus é mais forte que homem, pois vocês veem seu chamado, irmãos, como não são chamados muitos homens sábios segundo a carne, nem muitos poderosos, nem muitos nobres, mas Deus escolheu as coisas loucas do mundo para confundir os sábios e Deus escolheu as coisas fracas do mundo para confundir as coisas que são poderosas e vis do mundo e as coisas que são desprezadas como Deus escolheu sim e as coisas que não devem ser reduzidas a nada coisas que nenhuma carne se gloriará em Sua presença esta noite enquanto eu quero dar as boas-vindas a você, posso? Pergunte a você esta noite como você trata seu chamado, como você lida com o chamado de Deus em sua vida, você o pisoteia ou o magnifica ?

Há três maneiras pelas quais eu poderia falar sobre aceitar o chamado de Deus como garantido e atropelar o chamado de Deus . Os filhos de Eli, eles pisotearam o chamado de Deus em suas vidas, primeiro por não honrarem sua própria consagração pessoal a Deus, por considerarem a graça de Deus em suas vidas garantida, por não estabelecerem uma demarcação entre o limpo e o impuro, por viverem de forma imprudente. meus queridos irmão e irmã, dou-lhe as boas-vindas, mas devo perguntar-lhe ? você é um homem de Deus no púlpito e está vivendo secretamente em pecado ? você não valoriza o chamado de Deus o chamado de Deus não significou muito para você a palavra de Deus que você carrega não tem peso para você . Como você pode ser o homem que é porta-voz de Deus e ao mesmo tempo ser aquele que também é escravo do pecado ? como poderia uma boca abençoar e a mesma boca amaldiçoar ? como pode haver água doce e água amarga da mesma fonte ? como você vai subir no púlpito e dizer: oh, a graça de nosso Senhor Jesus esteja com todos vocês e as pessoas que acreditam que você é um homem de Deus estão dizendo Amém Amém Amém

alguns vão fazer a mão assim, recolher sua oração, colocá-la no peito assim, porque eles apenas acreditam que o que você está dizendo vai se traduzir em bênção, mas olhe para si mesmo no segredo, veja o que você está fazendo, como você se tornou vil e comuns como um homem de Deus, eles não têm vergonha de se abrir diante de uma garota inútil, isso significa que você não entende, você não valoriza o chamado de Deus em sua vida, você pisa nele de que outra forma um homem tratará levianamente o chamado de Deus o privilégio de ser servo de Deus os filhos de Eli tomaram o privilégio do altar aproveitaram-no para vantagem pessoal buscaram seu prazer pessoal antes Deus que os chamou ficou satisfeito, eles esqueceram que até mesmo tocar na obra de Deus era apenas um privilégio, que Deus estava permitindo que eles tivessem o que eles fizeram, eles encararam isso levianamente, pensaram que não era sua própria oportunidade de comer e de coletar carne especial . Você desonrou o chamado de Deus usando os púlpitos apenas para reunir coisas ao seu redor para falar mais sobre si mesmo e falar menos do homem do Calvário? Você está mais preocupado com sua

DO IRMÃO GBILE AKANNI COM LINKS DE ÁUDIO : O PRIVILÉGIO DE ESTAR NO MINISTÉRIO PORTUGUESE

própria conveniência e sua própria remuneração e sua própria realização e seu próprio prazer e sua própria satisfação às custas daquele que o chamou ? você não está entendendo a gravidade do privilégio

    Você sabe que me tocaria se eu não fosse , se o evangelho não me fosse dado, quem sou eu para que pessoas como você me ouvissem ? quem sou eu quem sou eu e vejo como às vezes eu ia a uma reunião esses são professores essas são pessoas importantes você sabe que você conhece velho e muito importante na comunidade e tudo mais e quando você quiser pregar eles vão ajustar os óculos e diga quem é aquele garoto, mas porque eu conhecia o poder do evangelho, eu apenas digo: incline a cabeça e deixe-nos e vamos orar, vamos dar honra ao senhor nosso criador, na verdade, eu quero que todos vocês se levantem e eles se levantarão levante-se, se eu disser, levante suas duas mãos, eles farão isso porque acreditam que estou representando Deus, eles farão isso se eu estiver pregando por dez minutos, trinta minutos, vinte minutos e quarenta minutos, eles estarão lá se eu não tivesse o gospel você tem audiência com um político fale comigo olha quantas formas você vai sentir mesmo por aquele que disser sim . quem é você de onde você vem ?

    Sim , quem te mandou aqui e então você vai ficar tremendo de falar com ele, mas no púlpito é ele quem está tremendo de te ouvir e como você pôde agora subir naquele púlpito e você não está fazendo nada além de apenas pensar em si mesmo, eu quero que você entrei neste clérigo este ano com uma necessidade crítica, tornou-se muito caro vir para Boko porque a estrada é ruim, tudo é difícil, mas você veio, algo deve acontecer com você e qual é a terceira maneira pela qual um homem pode pisar em seu chame por não pregar a mensagem você vê este púlpito não é um lugar para dizer nada se não for pregar a Cristo quando você vem a esse púlpito há apenas uma coisa que vocês homens deveriam fazer para fazer o que pregar a Cristo e ele crucificado para agora subir ao púlpito e começar a mostrar o quanto você sabe inglês e falar coisas grandes, grandes, grandes, para que as pessoas batam palmas para você, você não entendeu

    se você não prega a Cristo, você pisoteou esse privilégio do chamado de Deus, então esta noite vamos invocar a Deus juntos primeiro. Queria dizer obrigado por me chamar, Senhor, obrigado por me incluir, obrigado por colocar meu nome entre aqueles que encontraram graça aos seus olhos para colocá-los no ministério, mas Jesus disse aos seus discípulos nem se alegrem com isso, quero que vocês agradeçam a Deus porque o seu nome está no livro da vida que é ainda maior do que o fato de que os demônios estão sujeitos a você enquanto invocamos a Deus esta noite e você está dizendo Senhor, eu vim, você gostaria de dizer a Deus o privilégio de ser um pregador o privilégio de estar no ministério o privilégio de ser chamado para lidar com o evangelho Pai, se eu pisei nele, quero que você, por favor, me perdoe se eu quebrei minha consagração silenciosa, se minha vida não o faz mais, se eu não considero minha vida querida como uma vida que foi entregue a Deus, dedicada a Deus e só para ele, se eu estiver compartilhando minha vida com outra pessoa Pai, sinto muito, só preciso que você me ajude esta noite faça algo novo comigo faça algo deliberado faça algo eterno com minha vida vamos orar juntos e eu não não pense que é muito cedo para você começar a dizer Senhor, por favor, renove minha fé, por favor, restaure meu fogo, por favor, Senhor, talvez eu tenha esquecido que não era minha qualificação, foi sua misericórdia que me trouxe aqui, talvez eu tenha dado como certo que você colocou eu no trabalho e comecei a me comportar mal Senhor, por favor, tenha misericórdia de mim, os membros da igreja podem não ser capazes de falar com você assim porque você já é eterno para eles, você esqueceu que a graça o trouxe aqui, então iremos a Deus em oração e nessa oração, quero que você se junte a mim enquanto oramos diante dele, você se juntará a mim nessa oração e na canção de oração Jesus, meu Senhor, para você, eu choro, a menos que você deva me salvar, devo morrer, oh, traga sua salvação gratuita, eu e leve-me como estou no número 7, vamos apenas pegar essa música e orar junto com ela, por favor, levante-se enquanto invocamos a Deus juntos Jesus, meu Senhor, para ti, eu choro, a menos que você me ajude, devo morrer, oh, traga sua salvação gratuita, eu e me aceite como eu sou, como eu sou e me aceite como eu sou e me aceite como eu sou, como eu sou, oh, apenas ore a Cristo para que por mim, que me aceita como eu sou, desamparado, estou cheio de culpa, mas ainda assim, para mim, o teu sangue foi espalhado, não posso me obrigar a seguir o caminho e me aceitar como sou, como sou, e me aceitar como sou, e me aceitar .

 Venha e me aceite Como eu sou meu único jogo Jesus Você me aceita Agora antes de seguirmos esse padrão quatro É que me veja o salvador aos seus pés Trate comigo como você vê Seu trabalho começar, seu trabalho completo Mas me aceite como Eu sou Vamos cantar essa música, essa estrofe quatro três vezes E se esta noite enquanto estamos todos orando e clamando a Deus por nós mesmos Sem se preocupar com ninguém Você quer dizer eis-me a seus

DO IRMÃO GBILE AKANNI COM LINKS DE ÁUDIO : O PRIVILÉGIO DE ESTAR NO MINISTÉRIO PORTUGUESE

pés É assim que eu sou Eu esqueci o maior privilégio que você me ofereceu Eu atendi meu chamado levianamente Não importava mais para mim Minha consagração eu espalhei Enquanto tocamos a música pela segunda vez antes de terminar Você pode apenas querer vir ao altar Este altar e dizer Senhor, olhe para eu vim para Boko este ano não posso voltar lutando Este ministério para o qual você me chamou Não devo naufragar Não quero nada que me faça E um arrependimento para o céu

Que Deus não diga que me arrependo de tê-lo chamado para este trabalho, dou-lhe um grande privilégio por ele ter pisoteado. Eis-me, salvador, aos seus pés. Trate comigo como você vê, seja feita Tua vontade, Deus te abençoe. Quando você acaba de chegar diante do Senhor. Eu sou e me aceite como eu sou Como eu sou e me aceite como eu sou Deus te abençoe Deus te abençoe Senhor meu Senhor Jesus Senhor Jesus Oh Deus Oh, me aceite como eu sou Nós cantamos essa música mais uma vez se você vier, por favor faça então Eis-me Olhe para mim aos seus pés Senhor Trate comigo como você me vê Preciso de ajuda agora Senhor Tu me vês Seja feita a tua vontade Veja a tua vontade completa Leve-me como eu sou Como eu sou Deus te abençoe Deus está dizendo a você Mesmo esta noite deixe Deus começar seu trabalho Mesmo esta noite Deus Não me deixe voltar pelo caminho que vim Oh Senhor meu Senhor Apenas reze para que Cristo morra Por mim Oh, aceite-me como eu sou Agora, finalmente, todos nós levantamos nossas mãos para Deus Veja-me, salvador em teus pés Trate comigo como você me vê Enquanto estamos cantando essa música Posso perguntar ao Bispo Eze Nosso reverendo Eze, por favor, venha e nos ajude a orar esta noite E nos comprometa com o Senhor Leve-me como eu sou Como eu sou Leve-me Senhor Faça algo novo em minha vida Este clérigo deve se tornar um reavivador para mim Meu núcleo não deve ser perdido Meu espaço no ministério não deve ser ocupado por mais ninguém Não me torne um mero fazedor de barulho Senhor faça uma coisa nova em meu coração Passe pela minha vida secreta esta noite E me leve como eu sou Como eu sou Senhor como eu sou Leve-me, Oh Deus, levante essas mãos para o céu e diga

Senhor, aceita-me como eu sou Senhor, estamos aqui como teus servos Estamos aqui Senhor, envia-nos ajuda particularmente Faz uma coisa nova em nossos corações Traga-nos o perdão, Senhor A purificação do sangue Como eu sou Irmãos, acabamos de chegar na hora certa Nosso começo é o começo correto Aquele que vê nossos corações Quem sonda e vê nossos corações Quem nos entende Está nos trazendo de volta a si mesmo De volta a si mesmo Oh Senhor Nosso Deus Você nos conhece, você conhece nossa doença Você sabe, oh Senhor, você nos disse Como e onde você nos escolheu Oh meu Deus Viemos neste momento para dizer Aceite você faça a primeira coisa em nossa vida novamente Terminamos, oh Senhor A primeira coisa que você fez Senhor, estamos gratos Estamos muito gratos por termos esta oportunidade Para esteja em tua presença mais uma vez Para sermos chamados de volta a ti Senhor Deus todo-poderoso Pedimos desta vez, ó Senhor Tuas mãos que estão tão abertas para nos receber de volta Grande Deus Que viemos Aquele que nos chamou Que nos nutriu Que nos deu um lugar está nos levando de volta Queremos te agradecer, gracioso Senhor Queremos te louvar porque Ninguém pode fazer isso por nós Ninguém pode fazer isso por nós Senhor, estes são seus servos Eu peço, ó Deus do céu, Que assim como os céus são aberto Para nos receber Para nos receber Para nos restaurar Para expulsar Todos os detritos Que fecharam nossos olhos Que tomaram conta de nossos corações Que nos enganaram tanto Que não nos lembramos de onde viemos novamente Isso não é por o sangue de Jesus Por esse poder purificador Que será purificado esta noite E rededicado a você novamente E se tornará novamente

Senhor, nós choramos Por aquilo que vimos Desde o início Aquela coisa que nos levou a dizer É só Deus Aquela coisa que nos levou a dizer Adeus ao mundo Senhor, oramos para que aquele fogo volte Que o fogo volte Que tu, Deus misericordioso Tu és nosso pai que é tão misericordioso Que é rico em misericórdia Temos misericórdia de nós Em nome de Jesus Cristo Que quando viemos clamar a ti A porta da misericórdia se abrirá para nós O Deus do céu Que como temos começou Ah, o fogo estará sobre nossos ossos novamente Senhor Deus todo-poderoso Estamos guardando como um tesouro O que você nos deu O que você nos chamou para segurar Senhor, não pode haver melhor coisa no mundo Do que o que você nos chamou para segurar Nós estão pedindo ao Senhor Deus de glória

Que estamos no lugar certo E fazemos a coisa certa Pois você é capaz de fazer isso E você que nos chamou Você é capaz de fazer isso Mesmo esta noite Para dizer que nosso passado é passado Para dizer que nosso passado se foi

DO IRMÃO GBILE AKANNI COM LINKS DE ÁUDIO : O PRIVILÉGIO DE ESTAR NO MINISTÉRIO PORTUGUESE

Para dizer de tudo aquelas coisas Que estavam agrupadas em nossos corações Se foram Para todas aquelas coisas Senhor que nos levou a desviar do caminho Se foram Em nome de Jesus Cristo Que neste lugar de renovação Nossa aliança Foi renovada Nosso chamado Foi renovado Nossa visão de você Foram renovados Para nunca mais voltar Para aquelas coisas Para as quais já voltamos Não vamos nadar naquelas águas ruins de novo Senhor você nos chamou Você nos lavou Ajude-nos a nunca mais Ser como o porco Que lavamos e voltou aos mortos Para nunca mais ser como o cachorro Que vomitamos e voltamos a vomitar Em nome de Jesus Esse poder Que nos ouviu desde o princípio Pedimos Aquela graça Que nos ouviu desde o princípio Pedimos em nome de Jesus Cristo Obrigado precioso senhor Obrigado pai Por nos cobrar Por começar conosco Senhor este fogo não se apagará Este fogo Até que te vejamos face a face Em nome de Jesus Cristo Obrigado gracioso senhor Em nome de Jesus Cristo nós oramos

Grande oportunidade

Não terminaremos este livro sem fornecer uma saída para aqueles que buscam um relacionamento com o Senhor.

GRANDE OPORTUNIDADE

Não terminaremos este título em Borderless até que apresentemos oportunidade para aqueles que não encontraram Jesus de fazerem a paz hoje.

Oração de Salvação

Oração de Salvação – Nossa Primeira Conversa Real com Deus

A "oração de salvação" é a oração mais importante que jamais faremos. Quando estivermos prontos para nos tornarmos cristãos, estaremos prontos para ter a nossa primeira conversa real com Deus, e estes são os seus componentes:

- Reconhecemos que Jesus Cristo é Deus; que Ele veio à terra como homem para viver uma vida sem pecado que não podemos viver; que Ele morreu em nosso lugar, para que não tivéssemos que pagar a pena que merecemos.
- Confessamos nossa vida passada de pecado – vivendo para nós mesmos e não obedecendo a Deus.
- Admitimos que estamos prontos para confiar em Jesus Cristo como nosso Salvador e Senhor.
- Pedimos a Jesus que entre em nosso coração, fixe residência nele e comece a viver através de nós.

Oração de Salvação – Começa com Fé em Deus

Quando fazemos a oração de salvação, deixamos Deus saber que acreditamos que Sua Palavra é verdadeira. Pela fé que Ele nos deu, escolhemos acreditar Nele. A Bíblia nos diz que " *sem fé é impossível agradá-lo, pois é necessário que aquele que se aproxima de Deus creia que Ele existe, e que é galardoador daqueles que o buscam diligentemente* " (Hebreus 11:6).

Então, quando oramos, pedindo a Deus o dom da salvação, estamos exercendo o nosso livre arbítrio para reconhecer que acreditamos Nele. Essa demonstração de fé agrada a Deus, porque escolhemos livremente conhecê-lo.

Oração de Salvação – Confessando Nosso Pecado

Quando fazemos a oração de salvação, estamos admitindo que pecamos. Como a Bíblia diz sobre todos, exceto somente Cristo: " *Porque todos pecaram e destituídos estão da glória de Deus* " (Romanos 3:23).

Pecar é simplesmente ficar aquém do alvo, como uma flecha que não atinge o alvo. A glória de Deus, da qual carecemos, é encontrada somente em Jesus

DO IRMÃO GBILE AKANNI COM LINKS DE ÁUDIO : O PRIVILÉGIO DE ESTAR NO MINISTÉRIO PORTUGUESE

Cristo: " *Porque é o Deus que ordenou que a luz brilhasse nas trevas, que brilhou em nossos corações para dar a luz do conhecimento da glória de Deus em a face de Jesus Cristo* " (2 Coríntios 4:6).

A oração de salvação, então, reconhece que Jesus Cristo é o único ser humano que já viveu sem pecado. " *Porque Aquele que não conheceu pecado o fez pecado por nós, para que nele nos tornássemos justiça de Deus* " (2 Coríntios 5:21).

Oração de Salvação - Professando Fé em Cristo como Salvador e Senhor

Com Cristo como nosso padrão de perfeição, estamos agora reconhecendo a fé Nele como Deus, concordando com o Apóstolo João que: " *No princípio era o Verbo (Cristo), e o Verbo estava com Deus, e o Verbo era Deus. Ele estava no princípio com Deus. Todas as coisas foram feitas por meio dele, e sem ele nada do que foi feito se fez* " (João 1:1-3).

Porque Deus só poderia aceitar um sacrifício perfeito e sem pecado, e porque Ele sabia que não poderíamos conseguir isso, Ele enviou Seu Filho para morrer por nós e pagar o preço eterno. " *Porque Deus amou o mundo de tal maneira que deu o seu Filho unigênito, para que todo aquele que nele crê não pereça, mas tenha a vida eterna.*" (João 3:16).

Oração de Salvação - Diga e seja sincero agora!

Você concorda com tudo que leu até agora? Se você fizer isso, não espere mais um momento para começar sua nova vida em Jesus Cristo. Lembre-se, esta oração não é uma fórmula mágica. Você está simplesmente expressando seu coração a Deus. Reze isto conosco:

"Pai, eu sei que quebrei suas leis e meus pecados me separaram de você. Eu realmente sinto muito, e agora quero me afastar de minha vida pecaminosa passada em direção a você. Por favor, perdoe-me e ajude-me a evitar pecar novamente Acredito que seu filho, Jesus Cristo, morreu por meus pecados, ressuscitou dos mortos, está vivo e ouve minha oração. Convido Jesus a se tornar o Senhor da minha vida, para governar e reinar em meu coração deste dia em diante. Por favor, envie o seu Espírito Santo para me ajudar a obedecer-te e a fazer a tua vontade pelo resto da minha vida, eu oro, amém.

Oração de Salvação – Eu orei; O que agora?

Se você fez esta oração de salvação com verdadeira convicção e coração, agora você é um seguidor de Jesus. Isso é um fato, quer você se sinta diferente ou não. Os sistemas religiosos podem ter levado você a acreditar que deveria sentir algo - um brilho quente, um formigamento ou alguma outra experiência mística. O fato é que você pode ou não. Se você fez a oração da salvação e foi sincero, agora você é um seguidor de Jesus. A Bíblia nos diz que sua salvação eterna está segura! " *Para que, se com a tua boca confessares ao Senhor Jesus e em teu coração creres que Deus o ressuscitou dentre os mortos, serás salvo* " (Romanos 10:9).

Bem-vindo à família de Deus! Nós o encorajamos agora a encontrar uma igreja local onde você possa ser batizado e crescer no conhecimento de Deus através de Sua Palavra, a Bíblia.

Você também pode visitar nosso site em www.otakada.org que o ajudará a desenvolver e crescer em Cristo. Usando este link no estudo bíblico de descoberta para descobrir Jesus por si mesmo

https://www.otakada.org/dbs-dmm/

Jornada de Discipulado de 40 dias

Ou você pode começar uma jornada de 40 dias no seu ritmo online através deste link https://www.otakada.org/get-free-40-days-online-discipleship-course-in-a-journey-with-jesus/

Ou

Junte-se à ARCA do DISCIPULADO INDIVIDUALIZADO COM JESUS HOJE:

CANAL DE TELEGRAMA
https://t.me/holyghostschooldiscipleship
CANAL WhatsApp
https://whatsapp.com/channel/0029VaV4S1nL7UVSD6UDVD36
Se precisar de orientação, envie um email para info@otakada.org
Que o Senhor expanda sua vida e te encha de alegria, paz, amor e harmonia que só Ele pode dar, amém
Shalom!
Equipe Otakada.org

Printed in the USA
CPSIA information can be obtained
at www.ICGtesting.com
LVHW011731240724
786349LV00013B/370